重构未来

叶荣祖　聂新宇◎著

RECONSTRUCTING
THE FUTURE

决胜未来30年的
新商业思维

创新商业模式
助力转型升级

中华工商联合出版社

图书在版编目（CIP）数据

重构未来：决胜未来 30 年的新商业思维 / 叶荣祖，
聂新宇著 . -- 北京：中华工商联合出版社，2019.10（2024.2重印）
ISBN 978-7-5158-2561-8

Ⅰ.①重… Ⅱ.①叶… ②聂 Ⅲ.①企业管理—商
业模式—研究 Ⅳ.① F272

中国版本图书馆 CIP 数据核字 (2019) 第 199804 号

重构未来：决胜未来 30 年的新商业思维

作　　者：叶荣祖　聂新宇
责任编辑：于建廷　王　欢
责任审读：傅德华
营销总监：姜　越　闫丽丽
营销企划：阎　晶　徐　涛　王赫然
销售推广：赵玉麟　王　静
版权推广：袁一鸣　吴建新
封面设计：周　源
责任印制：迈致红
出　　版：中华工商联合出版社有限责任公司
发　　行：中华工商联合出版社有限责任公司
印　　刷：三河市同力彩印有限公司
版　　次：2019 年 11 月第 1 版
印　　次：2024 年 2 月第 2 次印刷
开　　本：710mm×1000mm　1/16
字　　数：180 千字
印　　张：14
书　　号：ISBN 978-7-5158-2561-8
定　　价：69.00 元

服务热线：010 — 58301130
团购热线：010 — 58302813
地址邮编：北京市西城区西环广场 A 座
　　　　　19—20 层，100044
http://www.chgslcbs.cn
E—mail：cicap1202@sina.com（营销中心）
E—mail：y9001@163.com（第七编辑室）

重构未来商业新模式

当下，企业面临的最大威胁，其实是经济变化的不确定性。

站在全球角度，不确定性源于国际经济环境的复杂性。

2019年中美贸易摩擦加剧，这场持续了一年多的经贸摩擦，其规模之大，影响力之深远历史罕见。2019年5月23日，国际货币基金组织在研究报告中警示，中美贸易局势趋紧将会严重挫伤商业和金融市场情绪，对全球供应链造成不同程度的影响，进而危及全球经济复苏。

站在市场角度，不确定性源于消费行业不可避免地迈入下半场。

过去几十年中国经济一路高歌猛进，消费者普遍具备较高的消费欲望，也正是消费者对未来的乐观心态拉高了实际消费能力。如今宏观经济面临下行压力，国际环境愈发复杂，让消费者不约而同地降低了收入预期。消费行业已然迈入下半场。从出手阔绰到消费拮据的转变，将会在一夜之间发生。

站在行业角度，不确定性源于第四次工业革命引发的一系列商业变革。

以人工智能和大数据为核心的第四次工业革命已经悄然而至，科技的跃升带给企业的不仅仅是技术变革的巨大机遇，还有商业洗牌过程中激烈的资源再分配和残酷的优胜劣汰。

企业与经济总是共进退，企业该如何应对来自国际环境、市场和行业的不确定性？

答案就是重构。

面对不可避免的贸易战，重构助力企业建立承受经济冲击的弹性和韧性，在变革中保持竞争力；面对第四次工业革命带来的技术和商业的突破性创新，重构让企业穿越纷繁芜杂的新概念迷雾，厘清数字化转型的技术、经济和商业逻辑；面对消费者需求端的变化，重构帮助作为供给端的企业调整市场布局，牢牢占据消费者市场；面对前所未有的商业大变局，企业以重构获未来，在充满无序和不确定的经济环境中持续获利。

纵观人类发展史，正是重构这股力量推动着商业文明的进程滚滚向前，而身处商业浪潮之中的企业，需要借助重构之力在时代潮头极目远眺，完成由追随者到引领者的身份转变。

重构是企业间短兵相接时的拿手利器，是在不确定性面前保持良好竞争态势的不二法则，是企业基于战略思维、技术体系、商业模式、产业版图、核心能力和组织架构的一次大变革。

重构，为适应现实而来，为决胜未来而往。

解构现有商业模式，让企业跳出思维陷阱，规避模式漏洞，为企业提供驾驭趋势的重构之力。重构未来商业新模式，让企业看清未来趋势，学会模式演化，从企业生存的底层挣扎跃变为商业生态的顶层设计。

企业要想适应现实，决胜未来，就需要回归经营本质，借助重构的力量构建出战略回旋空间。因此，本书将通过三个部分帮助读者重构商业模式，赢取商业未来。

第一部分：重构大时代。在璀璨的人类文明图谱中，一次次的商业重构实践凝练成商业文明进程中的缩影。这部分通过解析世界的重构历程，讲述商业重构的逻辑与秩序，描绘商业时代新未来。

第二部分：重铸新价值。无论市场风云如何变换，企业在价值链上下游的博弈永不停息，企业对于商业价值的追寻永不停息。本部分从商业规则、商业思维、市场开拓、企业管理和经营战略五个层面讲述重构企业商业模式，帮助企业重铸新的商业价值。

第三部分：重焕新生机。在沉浮与洗涤成为常态的市场环境中，有整合优化稳步向前的企业，也有逆势而起飞跃发展的企业，还有困境突围绝处逢生的企业。无论企业发展画出了多么惊险的生命线，重构始终是企业发展的一大助力。重构让企业重焕生命力，本部分以重树企业精神和重振商业文明帮助企业获得商业新生，持续筑牢企业生命线。

面对迎面而来的商业新浪潮，企业不能迟钝，更不能盲从。只有回归经营本质，重新发现商业与未来的逻辑与秩序，找到重构的可行之策，企业才能在不确定性中探寻到生存之路。

目录
CONTENTS

第三部分　重焕新生机

第一部分
重构大时代

第一章
商业时代新未来

　　这是一个"新"与"旧"不断碰撞的时代，代表"旧"的传统行业不会被轻易颠覆，但也很难维持高光时刻。代表"新"的新兴企业不会轻而易举地站稳脚跟，但最终的胜利属于紧跟时代趋势的它们。谁在"安故重迁"不肯回头，谁搭乘了"顺风车"已经一目了然。

　　危机之下蕴藏生机，"旧"也有拥抱新时代的机会。这机会是改变，是升级，是重构。商业新范式已经变革，今天的局势与过往已经大相径庭。但是，去往明天的车票一直都攥在企业的手中，选择重构，便可拥有商业时代新未来。

商海浪涌，世界是重构而来

100 万年前，火的使用让人类告别了茹毛饮血的蒙昧，不再啃食剩骨，开始走向了文明。20 万年前，人类开始使用石器、弓箭，有了第一次技术革命。1 万年前，人类开始耕种，从采猎社会进入农业社会。3800 年前，人类驯养牛马，用牛车拉着货物进行贸易，而这则是人类历史上第一次商业革命，商业图谱由此展开。

回望历史长河，人类用"重构"开辟了一个个璀璨时代。重构是什么？重构是一种突破与改变。在漫长的岁月中，拥有先进思想的人类上下求索，他们从外部环境中选取资源，重构自己的历史观、民族观、经济社会观和伦理观等，推动世界的发展。

在波澜壮阔的人类图谱中，商业的重构无疑是人类发展中重要的一步，商业从无到有，满足了人类的多种需求；商业经历一次次重构，是国家强盛繁荣的重要条件。

◇ 商业始祖，贸易先河

在中国，等价交换的行为叫作商业，从事商业活动的人叫作商人。不管是"商业"还是"商人"，它们都与一个部落分不开，这个部落便是商。

在商汤灭夏桀之前，商族便已存在，它是夏的一个部落。在舜时期，商族始祖契曾跟随禹治水，因功高被封在商丘，建立商部落。契的第六世孙叫王亥，此人聪明多谋，是"让商族变得伟大"的关键人物，正是他引领了商族的崛起。

3800年前，人类已经驯服了马，并通过训练让马代替人来驮运物品。但是来自西北大草原的马并不能很好地适应中原气候，辗转来到中原后大批大批地死亡，因此中原地带的人们还是采用手提肩扛，直到王亥采用"牵牛要牵牛鼻子"的办法驯服了野马，并发明了牛车，才改变了这一现状。

另外，随着生活条件的改善，商族的粮食、家禽、工具等开始出现剩余，于是，王亥便带领部落的人利用剩余的粮食酿酒，并烧制各种生活陶器，制造农具，有了其他部落所没有的必需品。

牛车的发明让商族有了先进的运输工具，王亥便开始组织族人赶着牛车，带着粮食、陶器、工具等到其他部落进行交换，这便是早期的贸易活动。在闭塞守旧、物质匮乏的上古时期，只有商族"肇牵车牛远服贾"，其他部落的人便把带着物资到处进行交换的人称为"商人"。

同时，通过与周边部落进行贸易往来，商族的经济得到了极大的推动，商民的财富积累和生活水平也得到了显著的提高，商族一跃成为中原地区强大的部落。随着商业活动的发展，商族日渐强盛，并在汤时期取代夏朝，建立了一个新的王朝——商朝。

商族的强盛、商朝的建立，王亥的"经济重构"功不可没，从此商朝的人重构成了"商人"，漫长的岁月中，这一伟大的名称定格在华夏大地上。纵使之后的朝代屡屡"重农抑商","商"的基因却始终刻印在中华大地上，贸易始终不断。华夏大地因商业贸易而繁荣不断，得到了整个世界的瞩目，甚至之后让欧洲人穿越茫茫的未知海域，只为与东方展开贸易。

◇ 经济航线，大国崛起

在地中海绝美的碧海中、阳光下，一艘又一艘载满手工艺制品的商船从北而来，然后一艘艘载满粮食的商船又向北而去。这在今天看来再平常不过的生意，却为 13 世纪的意大利商人带来了巨大的财富。

欧洲大陆土地贫瘠，荒草肆意野蛮生长，而北非在尼罗河的哺育下则经济作物富足。当第一艘载满粮食的船只回到意大利后，整个欧洲都疯狂了。粮食拯救了人们饥饿的胃，翻了上百倍的粮食价格更是填满了商人的钱袋。

在巨大利润的驱使下，越来越多的欧洲人踏上了商船，欧洲人骨子里的贸易基因愈加显露。渐渐地，他们不再满足于只是搬运地中海对岸的粮食，他们渴望着"黄金遍地、香料盈野"的东方。然而，通往东方的必经之路被崛起的奥斯曼帝国牢牢地封锁着，想要香料和丝绸，欧洲人必须开辟一条新航道。

此后，走向大海的商船越来越大、越来越多，船队劈波斩浪，开辟一条条新的航线，到达一个接一个新的地方。大航海时代由此开始，欧洲开始"重构"世界的格局。

15 世纪之后，在商业贸易的刺激与积累下，欧洲国家接连崛起，成为世界霸主。但是，并不是每一个迅速繁荣的国家都持续到了最后，雄心勃勃地加入全球大竞技的国家，大多数都没有持续巅峰时期的辉煌，而是沉寂了下来。

葡萄牙和西班牙开辟了新航线，并通过殖民掠夺积累了财富，但它们只是资源的搬运工,根本没有建立起自身的工商业体系,很快便走向了没落。

荷兰凭借有利的地理位置进行跨海贸易,控制了世界上的大部分航线和贸易,并开创了新的商业规则——股票交易所和现代银行。航运和金融给荷兰带来了巨大的利润,但这只是虚假繁荣,荷兰国内的工业生产日渐凋零,并对海外贸易产生反噬,经济开始衰退。

英国通过工业革命成为世界上第一个工业化国家,并成为世界工厂和世界第一工业强国。商业的繁荣缔造了"日不落帝国"的神话,但是由于没有及时地进行升级换代和经济结构调整,英国丧失了工业科技的优势,很快便被美国和德国赶超。

……

从"双雄会"到"海上马车夫"再到"日不落帝国",大国"重构"在欧洲不停地上演着。今天,新一轮的竞争格局已经形成,但是那个辉煌的时代却始终聚集着世人的目光,那个由重构商业而崛起与衰落的历史始终吸引着人们去挖掘与深思。

◇ 鉴古通今,驰骋商海

从采集到种植,粮食开始有了富余;从狩猎到驯化,牲畜成为财产。当温饱问题得到解决,更高层次的需求就会出现。为了满足需求,便产生了物品交换,即商业。商业的发展让商朝成为中原大地上的新王,让东方成为世界的中心,让欧洲各国踏上茫茫航线,成为一个个海上霸主,重构了世界秩序。

在人类千年的历史中,战争的血腥味已湮没于历史的尘土之中,而商业的血液则始终在世界各地流淌。商业指引着从商丘出发的牛车车队不断向前,引领着从欧洲出发的一艘艘船只驶向远方。故而,一个个颠沛流离的部落可以因商业贸易而繁荣昌盛，一个个疆域狭小的国家可以因商业贸易而成为超级大国。

三千多年前，商业的创造让王亥打造了一个富庶部落；六百多年前，股份公司、银行等商业形式的创新让欧洲各国接连成为世界霸主。而今天，商业看似与过往毫不相同，但实则别无二致，其中关键便是能否把握商业趋势进行重构，拥抱商业未来。

商业发展变化莫测，经历了大起大落的共享单车、横空出世的比特币、异军突起的私域电商……似乎没有人知道下一个世纪是谁的未来。

然而，商业从始至终便有着自身的发展，看朝代更迭，看霸主更替，谁能对商业予以重构谁便是主宰，谁便拥有未来。这就是"重构"的魅力！

破茧重生，逆势重构华章

18世纪，东方的精美瓷器、柔软丝绸、清香茶叶等被商人带到欧洲，这些东方商品引起了欧洲人的追捧，一股"东方热"在欧洲掀起。当时，上流社会珍藏瓷器，欧洲贵族争相抢购丝绸服饰，文人更是推崇品茶。

而百年之后，国货曾一度被贴上了"山寨""劣质""低价"的标签。一方面，国货自身在包装、宣传等营销上还是老一套的做派，很难吸引年轻人的注意力；另一方面，更潮、更个性的国外品牌大肆进军中国，市场竞争变得激烈。在"内忧外患"的状况下，大量国货品牌进入低谷期，甚至直接出局。

国货在本土都很难得到消费者的青睐，何谈流行于欧洲与世界？面对逆势，一批中国品牌勇敢前行，用重构之音谱写出了一曲时代华章，重回高光时刻。

◇ 系统变革，逆势生长

在经济形势缺乏确定性的时代，全球范围内的企业都面临业务增长的难题。市场低迷，增长放缓，在不明朗的局面面前，众多消费者和企业选择"捂紧钱袋"保持观望，而这又进一步恶化了经济环境。

　　要想生存，要想增长，企业必须行动起来，寻求生存之道。面对危机，一些企业选择通过削减成本来降低自身风险，如大量裁员、挤压供应商利润。短时间内，盲目削减成本能够让企业在严峻环境下得到一丝喘息，但从长远看，这种做法只是转移风险，反而导致市场状况更加恶劣。

　　对企业来说，要想逆势增长，企业不得不通过系统变革，在战略上进行调整与重构是第一要义。危机背后往往是潜在的机遇，一场行业性甚至全国、全球性的危机往往是企业扩大市场份额的绝佳时机。这是因为，越是糟糕的状态优势越明显，越容易脱颖而出。

　　例如，在2008年金融危机的冲击下，民航破产浪潮愈演愈烈，在其他航空公司为吸引消费者而选择在服务上进行细化时，春秋航空拿出了一张性价比王牌，用低成本战略保证了高客座率和高飞机利用率，在航空领域取得了不俗的成绩。金融危机下的市场环境让航空公司充满恐惧，但春秋航空从中看到了机遇，用低价重构航空领域的高价模式，从行业中脱颖而出。

　　重构不是盲目的，而是对市场环境的审时度势。为此，企业要在深思熟虑下进行大刀阔斧地变革与重构：首先，企业要清楚内部是否存在冗余部门，这些部门对赢利部门是否有影响，对那些无关紧要的冗余部门可以及时砍掉；其次，企业要将资金投向赢利的细分市场、赢利的地区，以及赢利的产品或服务；再次，如果服务特定的客户群体得不偿失，企业需要有舍弃的魄力；最后，企业要充分利用国内和国际中的低劳动成本和资金成本，从而降低成本，并在竞争中获得价格优势。

　　面对严峻的现实，企业要通过系统变革进行重构，如此才能充分利用危机带来的机遇，而不是成为危机的牺牲品。

◇升级重构，涅槃重生

今天全球性金融风暴的余波还未彻底消散，传统企业面临着新型企业的跨界打击，危机一直都在，如何成为永不褪色的国货品牌成为每一个企业关注的课题。

世界经济秩序已经重新洗牌，要想获得生存，企业只能依靠重构获得持续增长。88 岁的百雀羚重构"草本工坊"的定位，重现在人们眼前；92 岁的回力以复古气质重构潮流，得到了时尚行业的认可；188 岁的谢馥春以"东方、天然、人本"重构市场定位，重焕生命力……它们是国货的代表，更是重构的代言人。

重构犹如二次创业，它需要企业打破惯性行为，放弃固有的流程，摆脱既往的认知桎梏，这比创业之初的挑战与困难更为艰巨。重构意味着品牌、产品、定位、渠道等方方面面的原有体系都要进行重塑，需要破釜沉舟的勇气与决心。

逆势之下，不重构只能后退；顺势之下，有重构方有优势。不管市场境况如何，企业必须将重构的基因融入血液之中，以重构之力塑造伟大的企业。

重构未来，同频共振光明

重构不是简单的重复，汽车抛锚后重新打火不是重构，电脑关机后重新启动不是重构。重构是认知上的一次重大觉醒与重启，比如人类从用肢体语言表达到开口说话的过程。重构是乱象迷局中对机会的精准把握，是对产业价值链的解构与优化，是与时代发展的同频共振。

✧ 市场拐点，以变制胜

2019年5月17日，百度公布2019年第一季度财报，净亏损人民币3.27亿元（约合4900万美元），这是自2005年在纳斯达克上市后百度的首次季度亏损。与此同时，百度核心业务的关键人物向海龙辞职，百度的一个时代已结束。作为国内互联网领域的先行者和领导者，百度创下了一系列斐然成就，但是面对今天更加复杂的市场局势，百度依旧受到了严重冲击。

今天，企业面对的问题不再是过去简单的成本等"硬件"问题，而是管理等"软件"问题。当执行跟不上思维的变幻，当经验适应不了新环境，当经营模式应对不了市场变革……不管企业做了多少努力，仍然激不起半点涟漪。这是因为，整个市场已经重构，企业的整体系统已经变得陈旧，不再有效果。

这是一个浮躁的时代，更是一个巨变的时代。消费者在变，渠道在变，有变化就会有挑战与机遇。面对错综复杂的市场环境，企业要想占据市场优势地位，需要在多方面进行系统升级。

重构价值主张，通过产品或服务明确对消费者的价值；重构用户群体，不要只为一个用户服务，而要瞄准多种群体，创造共性价值；重构市场渠道，维持既有市场并开拓新的市场；重构核心能力，适应市场变化，以更具竞争性的优势把握消费者。

时至今日，重构已是企业的必然选择。企业要以更加宽广的视野去俯瞰市场，找到商业的根本，从而重塑一个完美适应时代的商业模式。

✧危中有机，预见未来

危机从来都不是单独存在的，伴随危机而来的是机会。有了危机，市场便有了变化，变化之下潜藏的是增长的机遇。同时，危机也是有风险的，但从本质上来说，危机是不可能让人提前做好准备去应对的。因此，面对危机，企业更重要的是正确认识危机，潜心重构企业的商业体系。

2019 年 5 月 10 日，美国将 2000 亿美元中国输美商品加征的关税从 10% 上调至 25%，美方执意掀起又一轮的中美贸易争端。随着争端加剧，全球股市遭遇了 2019 年以来最严重的暴跌，一夜之间全球市值蒸发万亿美元。

在贸易战面前，市场遇冷，危机重重。那些依靠出口的企业经营变得更加艰难，但是危机同样是转机，采取正确的策略，企业可以化危机为机遇。对企业来说，危机也不一定是坏事。

技术变革是科技行业最大的灰犀牛。重构技术，让科技赋能企业，进而提高产品和服务的竞争力。例如，猎聘网启动了智能机器人，以电话机器人进行所有电话的筛选，在节省人工的同时大大提高了效率，走在了行业的前列。

组织优化是企业内在转型升级的关键，以部门调整优化结构，来适应不断变幻的市场环境。在这个过程中，企业要始终聚焦主业、做优做强主业，以主业来增强市场竞争力和行业领导力。

树立企业愿景，为重构行动指引方向。企业愿景是领导者对企业未来的设想，直接关系着企业的发展重点与方向，是企业制度、文化等"软件"的指引旗帜。

危机可以让企业更加强烈地意识到转型的关键，并从重构的过程中发展为一个更具竞争力与活力的行业领军者。

◇ 踏准节拍，同频共振

历史上，清朝曾与俄国打了一场仗，即雅克萨之战。那场战役中，清朝非常艰难地取得了最后的胜利。当时，俄国拥有着最先进的火枪，而清政府只有大炮，但是最后清政府用数量众多的大炮战胜了更先进的火枪取得了胜利。

看似胜利的是清政府，其实清政府是输得惨烈的一方，我们都知道之后的历史是清政府被列强瓜分的屈辱历史。在雅克萨之战中，清政府依靠"旧"的大炮战胜了"新"的火枪，但是这只是在时代转变过程中的"旧"的势力仍占上方。随着转变的加深，"旧"将变得不堪一击，而清政府并没有意识到这一点，对"新"不屑一顾。

这个时代也是如此，很多时候传统企业看似战胜了新型企业，但这只是上一个时代的残存优势。世界已经改变，不肯重构的企业最终只能黯然出局。新时代的主旋律是互联网，小、散、乱的传统行业已经变得落伍，若想在未来有一席之地，传统企业必须紧跟时代，进行整合升级，与时代浪潮同频共振。

首先，企业要勇于改变行业规则，彻底解决行业痛点，将企业做大做强；其次，产品与服务的优劣直接影响着企业的市场地位，企业要提升内部交流，以低价高质取胜；再次，战略决定着企业能走多远，什么时候投入，什么时候收缩，在正确的时间做正确的事直接决定着企业的发展；最后，企业家是企业的最高领导者，有着最终决定权，企业家要善于学习，打破企业发展的天花板。

不管是产品还是服务，不管是行业规则还是发展战略，不管是员工还是企业家，在错综复杂的时代下，任何一个节点的缺失都会给企业带来致命打击。因此，企业要善于全面整合，以重构迎未来。有整合才有发展，有发展才有未来。重构大时代，重铸新价值，重焕新生机，这是时代的呼唤，这是商业的必然。

第二章
商业的逻辑与秩序

移动互联与社交网络带来了速度更快、范围更广、更加便捷的连接。这种连接是物与人、人与人、商业与人的连接。旧商业秩序正在被逐渐摧毁，而新商业秩序正在慢慢酝酿。商业世界的逻辑与规则亟待突破旧藩篱，演化新生命。重构的大时代已经到来，企业需要深度融合、深度变革，方能抓住新的商业机遇。

底部与冲脉，演化与变革

当前，国际经济局势异常复杂，企业面临着多重挑战：越来越快的技术变革，中美贸易摩擦愈演愈烈……然而，越是糟糕的经济环境越容易诞生超级企业。没有经历过风险考验的企业大多是普通企业，很难有飞跃般的发展。

✧ 贸易风云，摩擦不断

2018年中美贸易战愈演愈烈，加征关税的商品越来越多，企业经营环境越来越恶劣。自由、公平的贸易环境造就蓬勃的市场经济，而贸易战打破了市场的自由与公平，让企业的发展陷入危机之中。

2018年7月6日，一艘驶向大连港的货船陷入了迷茫，在太平洋上徘徊。这一天，美国开始对从中国进口的价值约500亿美元的商品加征25%关税，而中国亦正面回应，同样对从美国进口的价值约500亿美元的商品加征25%关税，大豆产品赫然在列。飘荡在太平洋上未能于当日12点驶入大连港的大豆货船已经坐实了美国农民的损失，而这只是一个缩影，在这艘船的背后还有千千万万个受到贸易战影响的企业与个人。

关税的增加固然可以提高本国企业的竞争力，保护本国企业，但是今天的世界是一个整体，企业之间有着错综复杂的联系，牵一发而动全身。企业没有与国家对抗的资本，那些受影响的企业只能根据局势的变化去调整、重构，重新适应市场。

贸易战不断升级，在这场战争中受伤最严重的则是一个个企业。2019年，在美国的针对下，华为成为美国对中国发起贸易战的焦点。5月15日，美国宣布进入国家紧急状态，并将华为及其子公司列入出口管制的"实体名单"，禁止美国企业使用华为及其子公司所生产的典型设备和服务。

5月19日，谷歌宣布暂停向华为转让硬件、软件和技术服务。次日，英特尔、高通、赛灵思、博通等美国芯片厂商暂停向华为供货。5月22日，微软在其在线商店下架了华为产品，ARM宣布停止与华为的合作关系，日本三大通信商宣布暂停华为手机新品的发售。5月22日，Wi-Fi联盟宣布暂时撤销华为的会员资格……

在美国政府的施压之下，华为的诸多合作伙伴被迫与之停止合作，安卓系统将不能使用，芯片供应商断供，销售渠道被截断……危机重重，生死一线。如果固有的一套不能再使用，那便自己重构一套，在危机面前，华为给出了自己的答案。

"备胎转正"是华为的重构方案。海思芯片、鸿蒙系统、京东方屏幕……每一个断供的背后都有一个"备胎"的崛起。这是华为的底气，更是华为让人钦佩的格局与实力。面对美国的封锁，华为以重构之力稳健应对，为自己赢来了生机。

受贸易战影响的企业不在少数，面对经济局势的剧烈变化，企业承受着巨大的压力，甚至市值缩水近半。但是，贸易战对企业而言也并非一无是处，这是企业提升竞争力的最大机会，是企业重构的最大机会。

◇ 解构发展，重构商业

新时代下，各方力量博弈、各种矛盾彼此交织，这构成了一个不断变化的市场环境。今天，过去四十多年中，凭借廉价劳动力、土地等优势迅速扩张的机会已经逐渐消失，企业过去的经营模式已经不再起决定性作用。这是一个需要解构再重构的时代，整个商业逻辑与秩序都需要重建。

重构经济增长模式。在工业化和城市化的进程中，我国 GDP 迅速增长，但随着经济的发展，我国在社会、文化、法律等方面逐渐完善，人们和社会的需求发生了重大变化。新时代更关注个体的满足感、获得感，从宏观到微观，企业发展的目的不再是为经济本身，而是为解决社会需要等新问题。

重构金融发展模式。在全球货币宽松的大环境下，资本逐渐成长，并成为一支可以影响整个行业发展的力量。在金融市场快速发展时期，由于经验不足，某些行业出现了"劣币驱逐良币"的现象，压缩了实体企业的发展空间。在国家宏观调控下，金融市场的制度进一步完善，资本将更多地投向实体经济，整个市场格局将焕然一新。

重构企业商业模式。随着经济大环境的不断变革，过去行之有效的商业模式不再起作用，企业发展进入瓶颈。从零售业蔓延到家具行业等，坚持旧商业模式的企业越走越艰难。无重构，无未来。于企业而言，重构商业模式是走向未来的唯一出路。

四十多年前，中国经济总量只占全球的 1.8%，在世界经济中微不足道；而今，中国经济总量稳居世界第二，对世界经济增长贡献率在 30% 左右。中国这四十多年的变化是深刻而清晰的，从大批的劳动密集型、资源密集型企业到高精尖的科技型企业，不断有新的企业开办，也不断有老的企业倒闭。中国经济始终在高速增长，在快速变革，企业也需不断重构，以适应市场和发展的需要。因此，从透彻地解构到彻底地重构已经成为每一个企业最紧迫的课题。

跨界与融合，分化与平衡

跨界并不是单纯地从既有领域跨越到另一个全新的领域，而是由内部自我革新需求和外部市场需求驱动，以技术和品牌为依托，将现有产业领域和要素资源，通过相互渗透、融合或裂变，整合利用到一起，实现产业价值链的延伸或突破。

✧ 跨界融合，势之必然

从企业发展规律来看，当企业专注的领域处于稳定的成长期时，此时市场竞争尚未影响到企业自身的发展，大多数企业选择专注现有领域。但是当现有市场饱和，新的竞争对手强势入局的时候，为了企业的持续发展，就需要寻找新的利润增长点。

然而当变化已经产生之后，企业能否适应变化度过危机还是未知数。有些有远见的企业在企业成长期就会主动用部分资源向外寻求业务拓展的可能。进攻是最好的防御，这是企业具备危机意识的表现，也是企业防止被突如其来的竞争对手颠覆的最优解。

如今人们不得不承认，附加价值低、重制造轻服务、重生产轻应用、重传统轻创新的传统行业，将在经济结构调整的步伐下逐渐边缘化直至被淘汰。因此，如何在商业分化中保持平衡，如何在快速变革的经济环境中寻求新生机成为中国企业必须思考的问题。

实际上，新的产业升级模式已经形成，那就是跨界与融合。这是新兴产业与传统产业碰撞与融合产生的必然结果。在传统领域，商业模式的创新愈发乏力，而互联网渗透传统行业过程中带来的纵向深化和横向拓宽，正在以跨界和融合的全新姿态，颠覆传统商业模式的想象。

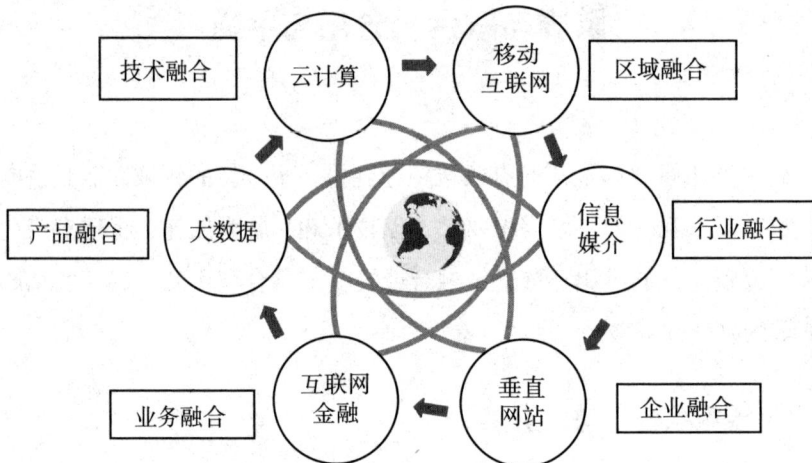

图 2-1　跨界与融合

互联网和移动互联网在各行业的渗透，使得行业的边缘越来越模糊，企业跨界竞争的壁垒也在不断降低，在这种表面无序实则深度关联的经济环境下，跨界自然成为一种竞争常态，也成为企业扩张的重要战略武器。

大数据、云计算和移动互联网的迅猛发展，使互联网和传统产业的融合逐渐深化。不仅如此，新技术革命为企业跨界提供更多可能，移动互联网传播速度正在刷新传统的认知，云计算和大数据具备超强的数据存储和分析能力，互联网金融成为冲击传统金融业的一大利器，垂直网站和信息媒介为行业间的融合提供更精准的商业信息。这些技术正在以势如破竹之势涌向全球，并且已经在全球经济环境中深度渗透。

在可以预见的未来，以跨界、融合、颠覆为基调的商业环境将成为常态。这给企业带来成长困境的同时，也迸发出大量的商业重构机遇。

◇ 跨界，寻找更多发展路径

企业需要面对的不仅是来自行业内部的市场争夺，有可能在不经意间，一些以前不曾关注，与企业没有关系的外行猛然跨界杀入，抢夺企业现有的客户和市场。在这样的商业价值重构现状中，企业需要打破以往的企业边界、行业边界及市场边界，通过开放、融合和跨界的方式重新建立企业新型价值网络。

那么企业又该如何跨界呢？

1. 强强联合，实现资源互补与整合。

跨界并不总是虎口夺食的危险游戏，有时也可以是合作与共赢。单打独斗的时代早已结束，即使是再优秀的品牌，也不能保证永远不会被取代。无论是上游供应商资源的融合，还是品牌的融合，都能起到优势互补，效益加倍的作用。

当具备不同优势的企业携手，就可以实现强强联合，共享跨界红利。2019年4月，腾讯释放出将要代理任天堂 Switch 游戏机的信号。腾讯虽然在国内游戏领域占据绝对优势地位，更是全球最大的游戏公司之一，但是在游戏底蕴和口碑上仍稍显不足。与任天堂合作能够帮助腾讯涉足主机游戏的新领域，而且还能借助任天堂的品牌效应布局国内主机游戏市场。任天堂则可以借力腾讯在国内市场的强大号召力，打开广阔的市场。

2. 垂直整合，向产业链两端进发。

企业垂直整合的目标方向应该是产业链微笑曲线的两端，在自主创新和自主品牌的垂直发力，能够让企业在核心技术和用户市场上获得更多的自主权，因为占领了微笑曲线的两端，就获得了价值链最核心的部分，实现企业利润最大化。

企业建立初期往往处于产业链的底端，要想获取持续发展，就要自我突破，跨越到产业链的顶端。如今代工生产厂家遍布全球的耐克，其前身只是一家日本跑步鞋企业的代理商。创始人菲尔·奈特在那时就意识到，仅靠代理无法实现企业的长足发展。耐克经过一系列的尝试和摸索，通过生产工艺创新和独特的运动品牌经营，顺利从微笑曲线的底端走向微笑曲线的两端，实现了利润与价值的双丰收。

3. 水平扩张，拓展企业发展边界。

单一业务无法保证企业的长久发展，通过跨界寻求新的利润点成为企业必然的选择。这要求企业不仅要有深度的行业观察，还要具备掌控全局的视野。在跨界风潮愈演愈烈的当下，企业间在彼此试探中不断寻求跨界的可能性和成功率。跨界需要企业谨慎分析，大胆实践。往往企业一些出乎用户意料的跨界之举，能够收获预期之外的正面反馈，甚至能够借机挖掘出新的利润点。

今日头条是北京字节跳动科技有限公司（以下简称"字节跳动"）推出的一款移动资讯客户端产品，通过基于算法下的个性化推荐，字节跳动在互联网时代快速收获海量的用户和流量，随后更是快速进入短视频赛道，以抖音、火山小视频、西瓜视频三大核心产品成功摘取短视频桂冠。如今建立了"资讯分发＋短视频"流量帝国的字节跳动，并没有满足于现有成就，反而以更加积极主动的态度在多个领域探索，以更加丰富的商业布局巩固和加强自己在市场中的地位。布局互联网教育，涉足游戏领域，发力音乐媒体，持续推出社交产品，入局并不熟悉的智能手机领域……频频跨界的字节跳动向多个领域的竞争对手展现出勃勃野心。

开放的商业生态系统是跨界竞争时代的必然趋势，这也为未来的商业社会提供了重构的无限可能性和实践机会。在这样一个深度融合的时代，任何企业都需要根据自身发展情况和市场演变趋势，制定跨界与融合的路线图，并沿着这个路线图重构商业模式，最终实现企业的创新与发展。

困境与拐点，重构与未来

企业作为市场经济最活跃的主体，在颠覆、迭代、进化已是常态的市场环境中，只有不断进行自我突破与自我革新，才能跟上市场发展变化的步伐。

没有一帆风顺的企业，企业的成长轨迹，往往是一次次突破困境、跨越拐点的历程。企业拐点的出现常伴随着经营困境的外在表征，在危机和被淘汰出局的恐慌下，蕴含着重构商业模式的无限想象空间，成为企业进入新发展阶段的关键机遇。

◇ 拐点是困境，更是机遇

互联网从 PC 端到移动端，从自动化到智能化，每一个技术拐点都伴随着商业版图的重塑。而构成完整商业版图的无数企业，无论规模大小，也必然经历企业发展的拐点。

拐点是一种临界状态，当企业在经营管理的过程中走进了"死胡同"，面临必须做出改变的时候，通常代表企业已经到达由量变转为质变的临界点，这种临界状态就被称为企业成长的"拐点"。

初创期企业在定位、资源和渠道等方面会初步形成相应的商业模式，随着企业进入成长期，业务迅速增长，组织规模不断壮大，形成一股强劲的上升势头。企业将会很快成长到一个顶峰，虽然企业业务在不断增长，但是增速逐渐放缓，这就代表着企业已经到达了发展的临界状态。如果能够跨越这个拐点，就能上升到新的高度，如果不能跨越拐点，企业就会进入业务下滑通道，一路丢盔弃甲，最终被市场淘汰。

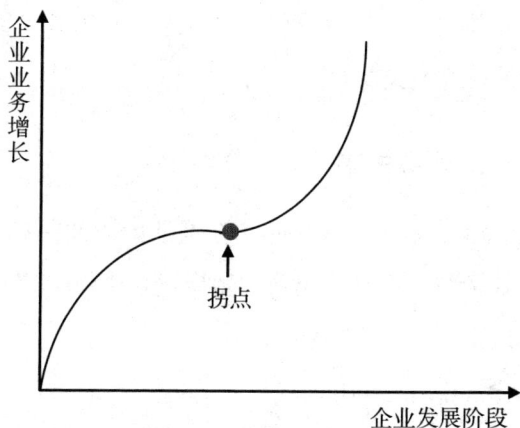

图 2-2　企业发展拐点曲线

因此，企业在拐点处的选择往往决定了企业能否突围困境，在拐点处的战略决策也将左右企业未来的生存与发展。

1984 年成立的联想，其商业帝国的建立也并非是一路凯歌。联想在发展的过程曾出现过 3 次拐点：20 世纪 90 年代声势浩大的"民族品牌保卫战"是联想发展过程中的第一个拐点，联想抓住机遇，以"保卫民族品牌"为口号，通过价格战打败国外巨头的强势攻击，奠定了联想在国内的地位；21 世纪初，联想对互联网市场多元化布局的乐观判断导致发展陷入困境，最终选择借助 IBM 的力量，双方各取所需，实现共赢；2009 年，联想全盘国际化战略最终导致市场收入显著下滑，备受市场质疑，但是通过及时调整战略，很快在 2010 年打了一次漂亮的翻身仗，重回世界五百强。

伴随拐点到来的是一次比一次猛烈的危机。但是拐点的出现，总是伴随着机遇和风险。依靠准确的战略判断、敏锐的商业嗅觉和对战略决策的坚定执行，联想总能转危为安，通过自身的努力取得一次又一次的腾飞。

拐点是企业在发展过程中不断进行动态调整的过程，跨越拐点的每一次调整都是商业重构的尝试，随着积累的增加，最终形成足以跨越拐点的合力，实现企业的持续增长。

✧ 突破拐点，重构未来

在新经济形势下，每个企业必然都会遭遇困境和拐点。突破拐点，企业迈向更高的发展阶段。那么，企业在发展过程中将会遭遇哪些发展的拐点？企业又将如何识别并突破这些拐点？

1. 突破战略拐点。

战略拐点是指企业的战略决策与外部环境背离，使得企业增长停滞甚至倒退的临界状态。战略拐点往往是企业经营过程最先遇到的拐点，过往的战略决策是企业成功的关键，但也往往是企业止步不前、疏于自我革新的绊脚石。当企业的商业模式已经不适用于现阶段的发展需求时，企业就必须及时重构商业模式，这样才能持续获取新的增长空间。

在战略拐点面前，不同类型的企业应对的措施也不尽相同。对于那些身处经营困境，在市场处于弱势地位的企业来说，积极拓展视野，集中现有资源寻求少量突破点，以小博大打开市场是明智之选。而对于那些现有业务增长态势良好的优势企业来说，积极探索可能的利润增长点，多点下注更能增加成功率。

2. 突破组织拐点。

组织拐点是指企业的组织架构形式与企业业务规模扩张的要求产生背离，使得企业内部活力不足，创新力和竞争力下降的组织状态。根据企业业务规模的变化及时调整组织方式，才能更有效率地承载企业的发展节奏，并将企业带入新的成长空间。企业要突破组织拐点，首先就要明确战略调整对组织优化的相关需求，通过对组织架构的设计和调整完善管控机制，为战略调整提供有力的组织支持。

3. 突破人才拐点。

人才拐点是指企业的组织架构与人才管理机制运行方式的割裂，导致企业无法有效实现组织目标和商业拓展的临界状态。在流动性强、自由度高的人才市场，与企业组织和经营更加契合的人才管理机制对于招揽人才显然具备更大的优势。

企业要突破人才拐点就要打造利于员工创新的组织形式，建立合理的中长期激励机制，在业务创新和推进机制中赋予员工更大的自主权，引导员工充分挖掘自身潜力，通过人才投资持续为企业战略调整加码。

4. 突破运营拐点。

运营拐点是指企业组织运行繁复造成组织局部与整体之间脱节，使得企业运行效率降低，危及市场竞争优势的临界状态。企业的战略调整、组织架构调整、人才管理机制调整都可能导致企业局部运营和整体运营之间的脱节。企业要突破运营拐点需要梳理企业经营机制链，完成责任与组织的匹配，实现战略向目标的转化，在战略、组织和人才三个层面为企业运营的优化升级提供助力。

5. 突破文化拐点。

文化拐点是指当企业的使命、愿景、价值观和企业的战略、组织、人才、运营各方面的经营现状无法匹配，使得企业增长空间无法继续拓展的临界状态。文化拐点与其余四个拐点始终相伴相随，文化拐点在不同企业中出现的时间点不同，这取决于企业的主观价值选择是否脱离经营实际情况。

如果企业能够及时调整，使企业的主观选择和客观实际达成一致，企业就会找到经营理念和实践的平衡，否则企业就会面临"理想很丰满，现实很骨感"的现实困境。企业要突破文化拐点，首先就要诊断企业文化基因缺陷，识别企业上下层之间的文化冲突，基于企业发展现状与未来，展望升级企业理念体系，真正发挥企业精神的激励与指导作用。

企业发展拐点是企业发展过程中一个具备普遍性的战略问题，兼具必然性、剧烈性和隐蔽性。企业要想跨越生死大关，就需要解决基于战略、组织、人才、运营和文化五个层面上的内部不适应和外部不适应两类情况，突破企业发展拐点，重构商业模式，重焕企业活力，进入新的发展阶段。

裂变式增长，新商业机会

这是一个产业互联网时代，企业的整体经营环境发生了巨大变革，信息传播方式、舆论集聚效果、市场对象划分等都在发生深刻变化。商业模式的设计也逐渐从基于传统产业流程转变为基于互联共生的经济关系，产品设计研发流程、供应链管理、营销方式、销售渠道和客户沟通方式都在发生重构。

在不确定性成为常态的商业环境中，隐匿在市场中的竞争对手随时可能出现，看似忠诚的用户随时可能流失，因此，开拓新的增长路径成为企业生存的关键。在过去规模和范围有限的销售模式下，裂变式增长还是天方夜谭，但是在万物互联时代，以往的商业模式被彻底颠覆，让裂变式增长成为可能。裂变式增长这种新的增长方式正在成为企业获取新的竞争优势的重要手段，成为企业新的商业机会。

◇ 先裂变，后增长

细胞通过一分为二，二分为四……最终组成亿万种不同的生命物种。

世间万物正是依靠裂变才能生生不息，不断演变进化。

关于裂变的商业概念，大多数人可能不觉得陌生，但少有准确的定义。简单来说，裂变就是利用用户传播，免费或者低成本快速获得流量，最终以用户增长实现企业竞争力的增长。

裂变式增长对于企业而言是一次商业创新，也是一个新的商业机遇。如果企业把握得当，就能在商业竞争中先发制人、拔得头筹。但是对于时刻处于竞争状态的企业来说，裂变之路也并非坦途。如今很多尝试裂变式增长的企业和运营者可以实现裂变，但是却无法建立一个长期、稳定和健康的增长方式，也正是因为这样，许多企业面临"生于拉新，死于留存"的落寞结局。

因此，企业需要建立对裂变的正确认知，这需要企业首先明晰裂变的三个要素。

种子用户数。 种子用户是指产品推广前期的目标用户，他们对产品使用具有较高的积极性，并能够及时反馈意见和建议，还具备一定的影响力和传播力，能够帮助产品宣传和推广。这批用户数量往往不多，但是有着极其重要的商业意义。种子用户将直接决定产品中后期的曝光量和分享量，因此要成功实现裂变式增长，需要尽可能地提高种子用户的精准度和数量。

用户平均拉新数。 在裂变营销的过程中，用户的拉新意愿直接决定了新用户的数量，而用户平均拉新数决定了企业要达到预期的营销目标所需的裂变次数。

用户平均拉新时长。 用户传播与带人的速度越快，企业越能实现裂变式增长。

了解这三个要素，企业就能明白用户参与裂变需要足够的驱动力，才能在吸引用户点击链接、驱动用户转发链接、促使用户支付下单三个层面形成一次完整的裂变式增长。除了裂变的三个基本要素，企业还要了解不同的裂变模式。

根据分享者和被分享着之间的利益关系，裂变式增长可以分为三种裂变模式。

第一种，**邀请裂变**，即让邀请者和被邀请者都受益。要让既有用户产生意愿去邀请新用户，最有效最迅速的方式在给新用户奖励的同时也给予老用户拉新奖励。

第二种，**拼团裂变**，即让邀请者和被分享者组团受益。拼团裂变的本质是通过分享获得让利，从而让用户产生分享意愿。当某一用户发起拼团后，利用社交产品让自己和被分享者享受低价优惠，从而产生裂变效果。

第三种，**分销裂变**，即通过发展下线赚取佣金。用户只要推荐好友购买，推荐者就可以获得一定比例的佣金，这种与用户自身收益直接相关的推广员模式，往往能够极大地激发用户的推广意愿。

明确了裂变的要素和模式，是进行裂变式传播的开始。企业要想实现裂变式增长，最关键的是抓住用户心理，为用户提供足够的传播动力，争取在每个环节都降低用户操作门槛，扩大传播基数，提高传播效果。

◇ 复盘一次成功的裂变流程

2018 年最为著名的刷屏级裂变营销案例，当属支付宝联合各地品牌的"中国锦鲤"营销，其抽奖微博以近 300 多万转发量和 3 亿话题阅读量成为年度最具影响力的一场营销案。支付宝紧紧抓住了"国庆假日""出境游""幸运抽奖"三个关键用户裂变因素，借助微博这一平台将用户吸引力、传播力和转化力成功转化为裂变的驱动力，引领了遍布全网的"锦鲤风潮"，收获了极佳的营销效果。

支付宝的裂变营销成效显著，那么企业又该怎样完成一次成功的裂变？通过高投入增加开发成本不一定是必选项，有时通过科学系统的流程操作，就能达到不错的裂变效果。以下就为企业介绍一套完整的裂变营销流程。

第一步：设计具备足够吸引力的奖励。

奖励设计是企业实现裂变式增长至关重要的一环。如果没有足够的吸引力，用户又凭什么愿意邀请新用户呢？

因此，奖励需要具备高价值感、低成本和强关联三个主要特征。高价值感就是要让目标用户能够感知奖励的价值，从而增加用户拉新的动力。低成本则是出于成本的考虑，如果奖励的成本过高，既会影响企业利润，也会因为复杂的任务要求让裂变效果打折扣。强关联是指奖励一定要和企业的核心产品有一定程度的关联性，只有有关联性的奖励才能吸引精准的潜在客户。

第二步：塑造价值。

企业设计出具备足够吸引力的奖励之后，不能简单地展示，必须对其进行价值塑造，这样才能吸引到更多的潜在客户。企业需要对奖励进行价值说明和视觉展示，这样既能提升价值感，也能向用户完整传递价值感。

第三步：用户引流。

用户引流效果直接决定裂变效果，当企业准备为某次裂变营销活动准备文案时，文案需要包含用户思维、卖点、核心价值和转化入口多个必要因素。只有具备这几个因素，才能形成一个有转化效果的文案。

第四步：落地测试优化。

完成前面几个步骤之后，企业需要在小范围内进行落地测试，主要测试奖品效果、价值塑造效果、引流效果以及整个流程链接等。如果某一环节出现问题，就要重新优化，直至效果满意为止。

第五步：全面推广。

在完成落地测试和优化之后，企业就已经做好了前期的准备，可以正式开始全面推广了。在正式推广过程中，企业需要注意的是，启动用户的基数要尽可能大，毕竟 10 个人和 100 个人的裂变效果不是一个量级的。企业还要注意将活动的时间和频率控制在一个较高的水平，这样才能实现一个完整的裂变式增长流程。

掌握裂变式增长的逻辑与流程，是企业获取新商业机会的入场券。借助裂变扩展企业增长空间，在高速变化的市场中牢牢抓住用户，在无垠的互联网空间攫取流量，为企业重构之路提供助力。

第二部分
重铸新价值

第三章
重构　商业新规则

　　这个时代，网络已经像水与空气一样，成为人们生活的必需品。社会生活面貌早已发生了改变，不再是传统互联网概念下的形象，人们已进入后互联网时代。

　　新经济改变甚至颠覆了传统的经济，新的价值模式正在日益成为主流，企业的价值获取方式也在逐步发生改变。这一切都意味着新的商业规则出现。当此之时，企业更应该从纷繁的传统模式中脱离出来，重塑新的定位、新的架构与新的战略，以全景视角和新的品牌运作把握真实的后互联网时代。

新定位：发散策略，整体效应

为什么客户总是购买别人的产品和服务，而不选择你的？

在竞争对手如云的环境里，企业必须找到令自己与众不同的方式，给客户一个只选择你而不选择别人的理由。这就是定位策略。

企业如果要打开市场，就需要一个核心的定位，从而使自己拥有特性，在行业领域内闯出自己的一片天地。在新商业时代，企业必须进行深刻重构，找到新的战略定位，策划新的发展轨道，充分发挥自身特色和优势，做到差异化发展，以便顺利登上新时期的商业巨轮。

✧ 重塑战略，理清定位

"一点透视"是一种绘图表现技法，是最基本的作图方式之一。它利用透视原理，通过水平线、垂直线、进深线等线条将立体建筑物、景观等画于平面上，准确地显示其轮廓、空间位置及投影。这些线条最终汇聚于一点，该点在美术学中称作消失点。

引用至商业领域，一点透视不失为一种高效的战略定位系统。而要依据这种方式来策划战略定位，就需要将美术学中的步骤完全颠倒过来，从终点即消失点开始，不断向外发散线条，形成一个个水平面、垂直面等平面，最终构成一个完整的建筑物，使企业发挥出整体效应。

在这种定位系统中，从消失点到发散的线条，到各个平面，再到最后的整体，每一个定位背后都有不同的逻辑，都需要不同的运营原则、资源调配方法。企业要明确自己在未来商业中的定位，以便确定具体的发展方向。

"消失点"指的是企业里具体的服务提供者，如小说网站上创作小说的作者、闲鱼上出售自己闲置物品的卖家等。这些"点"体量小，但直接面向消费者，提供着个性化服务，其发展能够为企业的发展提供牵引力，其进步能够带动企业的经济效益，因此企业要重视这些"点"在市场上的地位。

从消失点发散而出的各类线条是一个个大卖家，为消失点而服务。例如，微信公众号为商家提供一种线上的营销方式，商家可以通过申请微信公众号来开发展示自己的微官网、微推送、微活动、微分享及微名片等，从而达到企业宣传推广的目的。在这个意义上，微信公众号就是一个"大卖家"。

发散出的各类线条汇聚在一起就构成了平面。于企业战略定位而言，平面指的是"平台型企业"。平台型企业可以广泛地连接不同角色，使之进行协同合作，从而大幅提升匹配效率，创造更多价值；同时可以建立多种有效机制，优化全局利益。携程就是典型的平台型企业，它为众多酒店、景区等搭建了平台，针对用户需求筛选出合适的供应商，在为用户提供出行方便的同时，促进了平台上各企业的发展。

各个平面进行整合汇聚之后，就构成了建筑物整体。这个"整体"就是有完整生态链的企业。这类企业往往有着超强的战斗力，能够整合各种资源，统一步调，迅速调整策略，应对危机，引导群体成员共度时艰。

如今的互联网巨头腾讯，就是一个新型经济"体"。它从最初的单个产品 QQ 进行切入，逐渐衍生出各种 QQ 产品，生成基于 QQ 的生态链，并向游戏领域拓展，推出了 QQ 游戏，之后又推出微信，自己给自己创造对手，将腾讯演化成了一条统一整合上下游的服务"线"。然后，腾讯不断进行对外投资，其业务领域涉及汽车交通、泛娱乐、电子商务和金融等众多行业，交织成了一张巨大的网络链接的价值"面"，直至形成了如今高达几万亿港元市值的新型经济"体"。

当然，"整体"是经过多年的经营、进化而产生的结果，一般情况下，企业不可能刚起步就选择这样的定位。在新时代新商业背景下，企业要重塑发展战略，就要理清在消失点、线条、平面、整体四个定位中，企业现阶段的定位到底是什么。先理清企业自身的能力及现阶段的发展状况，确定企业当下能够做具体能力的提供者还是产品与服务的整合者，然后根据不同定位实施不同的发展策略，争取最终成为行业内的新型经济"体"。

✧ 一点透视，发散升级

专注年轻人的音乐短视频抖音，就利用"一点透视"的战略定位系统，加上丰富多彩的内容创作和快速迭代更新的产品体验，不断向外发散，不断谋求发展，从而在短视频浪潮中一举脱颖而出。

2016 年 9 月上线至 2017 年 3 月，是抖音关于"消失点"的探索期。这一阶段，抖音抓住了一个关键"点"——短视频，将短视频作为服务提供者，让用户通过抖音自由选择歌曲，拍摄成音乐短视频，形成属于自己的作品。在这个过程中，短视频的服务为用户带来新奇、娱乐的体验。

确定了"点"的定位之后，抖音开始打磨产品核心功能，不断地优化产品性能与体验，比如增加一些新奇特效、贴纸道具与拍摄手法，使拍摄过程变得更加简单好玩，作品的质量变得更好，用户满意度得到提升。

2017 年 4 月至 2017 年年底，是抖音的"线条发散期"。一方面，通过与明星、线上节目等进行合作的方式，如赞助综艺节目《天天向上》《中国有嘻哈》等，生产出大量的优质音频内容，成为线上的"卖家"。另一方面，通过线下实体活动扩大影响力，如举办抖音"iDOU 夜年度狂欢嘉年华"等，成为线下的"卖家"，实现了大量的用户积累。同时，抖音还借助微信朋友圈转发、微博大 V 推动等方式，形成了自扩散的网络效应，促进了抖音下载量的迅速增长。

从 2018 年年初开始，抖音进入"平面赋能期"。先是签约大量网红，并与新音乐独立唱片公司摩登天空达成战略协议，在宣传推广、培养原创新人和音乐演出等方面展开了多种合作。然后开始发展广告商和电商。广告包括开屏广告、内容植入、信息流广告等形式，电商包括"淘宝客"的网店模式和自营品牌电商化模式。这两个形式产生了交叉的网络效应，使得抖音在视频娱乐的同时带起了线上线下的消费。至此，抖音发展成了真正的"平台"。

未来，抖音是否能够从拥有品牌电商广告体系、在线支付等一系列"点"的"平台"，演化为立足网络生态的共创经济"体"，还要靠它自身的努力，去不断发挥平台的效能，不断拓展行业的广度和深度。

◇ 整体效应，层层演化

"一点透视"包含的四个战略定位是一个完整的系统，四个部分相互依存、互利共荣、共同演化，在真正的商业生态中缺一不可。

从"消失点"发散出线条，代表着服务提供者的聚合支撑起了卖家型企业。各类线条汇聚成平面，表示各个卖家型企业应市场需要而进行了联合，从而演化出行业平台式的企业。各个平面构成建筑物整体，则说明平台与平台之间进行了交织融合，衍生出能够承载更多企业的"体"。一旦形成了"体"，其活力与效能将会比单个企业强大很多倍，往往足以攻破传统的行业壁垒。

"一点透视"的思维框架是一个有生命的系统，企业要根据自身发展找到适合自己的、准确的战略定位，就要遵循一定的指导原则。

一是从新的战略角度去定位竞争对手与合作伙伴。本质上，同类相竞。"点"与"点"、"线"与"线"、"面"与"面"之间才是互相竞争的关系，一般不要越过自己所属的层级而参与竞争。

二是选择合适的"平面"作为发展平台。对于多数服务提供者和卖家型企业而言，选择适合自己的、前景广阔的平台是战略选择中的关键环节。选对了平台，企业的经营发展就能够事半功倍。

三是调动比拥有更加重要。传统的商业思维强调拥有甚至控制重要的资产，而在新经济时代背景下，越来越重要的不是拥有多少资源，而是能够调动多少资源。新的战略思维强调的是影响与调度的能力。

四是演化需要脱胎换骨的努力。企业基于"一点透视"的定位演化，相当于物种的演变，或者说是从平面到立体的"升维"，它不是自然的进化，也不是简单的提升。这种定位演化所面临的挑战往往比想象的更加严峻，因此也更需要众多资源的支持，更需要企业领导者具备战略性的眼光与气魄，更需要企业内部上下一心、协同一致的努力。

遵循准确的指导原则，企业就能够在"一点透视"战略思维中找到适合自己的定位，然后不断进行发展演化。服务提供者和卖家型企业要有效利用平台提供的公共服务与各项支持，同时平台也要竭尽全力为前两者的发展而赋能。如此，三者相互依存、共同演化，就能够衍生出新的经济"体"，从而形成共生繁荣的系统，发挥出强大的整体效应。这就是"一点透视"战略新定位的运行规则。

未来的商业竞争，将是商业体之间战略定位的竞争。如果企业不能找准自己的战略定位，无法发挥相应的战略功能，那么企业的发展必将面临困境。例如平台型企业，如果不能够提供丰裕的基础设施，使服务提供者充分发挥活力并不断进行创新，从而刺激衍生出新的服务提供者和卖家型企业，那么更有活力的平台就会把这些服务提供者吸引去，并逐渐取代过去的平台。

因此，企业要跟上宏观经济发展的节奏，就必须深度重构，在"一点透视"战略系统中准确找到自己的定位，将自己的特色和优势充分向外发散，形成强大的整体效应，进而发展成共生繁荣的新经济"体"。

新架构：强大平台，人人合伙

多数企业正在遭遇组织架构不合理所带来的困境：组织内部的信息传导效率低下，组织机构设置臃肿，企业内耗严重等。之所以会出现这些"企业病"，是因为传统的管理模式已不适用于新经济环境中的企业。

随着数据时代的到来，企业的生存环境发生了巨变，需要进行现场管理与临机决定的情况出现得越来越多。倘若还是运行传统的组织结构，必然会使企业的各项工作效率大大降低。因此，企业需要进行组织架构的彻底重构，以适应新时期的发展需求。

◇ 强大平台，协同共创

传统的企业组织架构包含多种组织结构形式，如职能式、矩阵式和事业部式等。不可否认，这些经典的、以管理为核心的组织架构，在一定时期内的确发挥了积极作用，对企业的发展有所助益。然而今天，它们已不再适应时代的需求。

新的商业环境中，企业的组织架构要具备平台思维，提供一个能够让参与者自由联合的平台。这个平台应该具备三个基本特征：

首先，它是员工顺畅协同、高效共创的发展平台。企业的发展离不开员工的发展，因此，为员工创立发展平台是未来企业的必然选择。企业要为员工制订能够匹配未来发展的人才规划，设置顺畅的部门沟通机制，提供良好的学习晋升渠道。如此，员工之间能够顺畅地协同，每个人也能够高效地提升自己，不断地发展、沉淀，从而使技术、经验与模式日益丰富、共同迭代，企业的"免疫力"得到增强，竞争力得到提升。

其次，它是一张巨大的、协同运作的网。传统的组织架构是典型的树状结构，指令自上而下地层层传达。而新的组织架构是一张网络，组织里的每个点都实时连接着其他的点，以确保任何动向都能够及时传播到整个组织。这张网的特征是，完成一个任务需要多方进行协同，信息通过此网络可以实时触达各方，然后通知相关人员完成工作，再接着进行下一项工作，如此能够大幅提升企业内部的工作效率。

最后，它是一套动态的指标体系。如何确保组织运行的方向是正确的？企业需要建立一套动态的指标体系，运用完全数据化的方式来测量、评估及监控创新。该体系是企业的智能信息系统，能够及时同步企业内外的数据与信息，使企业里的每个部门与员工都能互相了解、互相配合，实现全局调试与优化，确保组织向着正确的方向迭代与演化。

企业的组织架构为员工提供了强大的平台，也就相当于提供了发展创新的基础设施，就能够使团队自由地重组、协作及共创，敏捷的前端部门就能够迅速有效地整合相关资源，创造大的创新价值。同时，不断沉淀组织的创新能力，为中后台积累更加丰富的经验与知识，为未来的发展赋能。

◇ 人人合伙，调动积极性

新时期，人和组织的关系、力量对比发生了根本性的改变，促使组织架构向着网状化、平台化发展。

在这样的组织架构里，绝对的命令者与指挥者不复存在，取而代之的是能动的、高度自治的个体，并且每一个个体都具备创造巨大价值的潜力。正如海尔总裁张瑞敏提出的管理思维"企业无边界、管理无领导、供应链无尺度、员工自主经营"，只要企业提供合理的自由的发展空间，个体就能够发挥出巨大的效能。

因此，以人为中心，创立轻松灵活的环境与机制，使全体人员自动自发、自主创新从而实现自我，将是企业首选的架构模式。

要做到以人为中心，就不能把员工看作打工者，而应是企业的合伙人、经营者甚至股东，营造出一种人人合伙的氛围，充分调动全体人员的自我驱动力，使之发挥出最大的积极性和战斗性，从而能够坚持企业的使命与长期利益，为企业创造长期价值。

事实上，在企业管理中运用人人合伙的理念来重构组织架构的企业有很多。比如，老板电器实施"千人合伙人计划"，下放经营权；海尔集团鼓励内部创业，实施"人单合一"，让员工成为创客；华为采用"获得分享制"，用合伙人制度取代传统的雇佣制。

被誉为"民生超市、百姓永辉"的永辉超市，也根据"人人都是经营者，人人都是合伙人"的理念，建立了一线员工合伙制，使员工以合伙人的身份来参与店铺的经营，既留住了人才，又充分挖掘了他们的潜能。

永辉超市根据自身行业特点和业务性质，对员工实行收益分成。在品类、柜台和部门达到公司设定的利润额后，超出的部分由企业与员工进行收益分成。并且，对一些经营效果比较好的精品店，企业不再设置基础销售额。在分成比例方面，企业也和员工进行公开讨论，"五五开""四六开""三七开"等分成制度都曾实施过。

在这种制度下，员工变成了企业的合伙人，其收入和品类、科目及柜台等的利润相挂钩。因此，该制度不但激励了员工努力提供更加出色的服务，以得到更多的回报，也助力了企业的快速高效发展。

2018年，永辉超市销售增长率达17.4%，门店总数超过1200家，位居中国连锁百强企业第六位。之所以能够取得如此优异的业绩，一线员工合伙制可谓其高速发展的重要助力。

面对新时代新商业，企业要想赢得新的生机，就需要变革过去不合理的组织架构，为全体员工创造一个自由联合、协同共创的强大平台，使人人都成为合伙人，人人都参与企业的经营管理。正如永辉超市一样，一线员工合伙制使得每个员工都变成企业的合伙人，从而能够凝聚在一起，共同解决企业经营中不断出现的问题，引导企业蓬勃发展。

新战略：高效反馈，完整闭环

身处大变革的时代，企业需要对未来进行预判。在各种战略中，针对客户的战略显然是重要战略之一。与客户之间建立了长久的联系，赢得了忠实的客户，企业方能拥有立身之基。

那么，如何与客户建立联系？

打造一个高效、完整的客户反馈体系，不失为与客户建立情感关联的有效手段。时刻掌握客户的反馈，并根据反馈信息对产品和服务进行调整与优化，企业便能够建立与客户的长久关联，提供令客户满意的产品与服务，进而赢得客户的选择与信赖。

◇ 打造反馈体系，优化产品与服务

拥有客户的信赖，企业就拥有了生存之本。因此，打造客户反馈体系，解决客户的问题，提升客户对企业的信任度，是企业的必然选择。

所谓客户反馈体系，就是和客户进行沟通的渠道，一个搜集信息、消化信息、处理与反馈的完整闭环过程。完整的客户反馈闭环能够帮助企业感知客户的感受与需求，做到"不让客户思考""不让客户等待""不让客户麻烦"，达到企业的产品与服务目标。

要建立完整的客户反馈闭环，需要形成完整具体的运作机制。该机制通常包含四个步骤：搜集反馈、明确问题、处理反馈及回复客户。

搜集反馈。反馈信息可以通过建立多种客户反馈渠道来进行搜集。例如，企业领导人的公开邮箱、传统的客户服务中心、企业专门的客户顾问委员会，以及通过社交网络成立的线上社交小组、企业的官方卖家论坛等。企业领导人的邮箱、客户顾问委员会与客服中心都是被动地接收客户的反馈，而社交小组与卖家论坛则可以让企业主动收集反馈。企业可以设立专门的媒体部门在社交媒体上与客户进行互动，建立良好公共关系的同时也可以搜集反馈。

明确问题。搜集来的反馈信息，其数量是十分庞大的。然而，并不是全部的反馈都有效，客户反馈的也可能只是表面问题。因此，信息搜集到之后还需要进行过滤，并分析存在于反馈背后的客户真正需求，然后根据缓急程度将事件移交给合适的团队及负责人。企业可以建立专门处理反馈内容的团队来协助汲取有效的反馈信息，以供领导人查阅，然后由领导人对问题进行判定，决定该问题由哪个部门负责解决。

处理反馈。问题明确之后，相关部门要尽快制定反馈处理方案，通过企业内部的处理机制，系统高效地处理问题。同时，企业可以给予搜集反馈的部门较高的权限，比如有权力命令停止生产某种产品。只要搜集到对同一产品的大量负面反馈，就可以行使权力直接命令停止生产该产品，直至完全解决客户反馈的问题后，再重新开始生产。如此可以避免更多客户遭遇相同问题，防止问题范围继续扩大，减少企业的损失。

回复客户。最后，在解决了反馈的问题之后，企业应当通过适当的方式告知客户。这个步骤在整个反馈闭环中十分重要，只有完成这个回复步骤，才算将整个反馈环节首尾相接，形成一个完整的闭环。客户进行反馈的初衷即是期望获得改善、优化后的产品或者服务体验，如果企业将问题解决之后却没有告知客户，便很可能造成误解，长此以往则会形成恶性循环，给企业带来负面影响。

在正常的客户反馈闭环流程结束之后，负责解决相关问题的部门还可以进行反馈总结，比如撰写反馈总结报告并在企业内网与全体员工分享、定期进行反馈总结讨论、将反馈总结讨论纳入运营例会中等。反馈总结是非常有效的案例管理方式，可以帮助企业总结问题的处理经验，提供同类事件的解决方案及善后思路，还可以帮助企业预防类似事件的发生。

总之，建立了高效的客户反馈闭环，企业便可以在完整的循环里不断地调整、优化自己，生产更加优异的产品，提供更加令人满意的服务。

◇ 高效反馈闭环，助力企业获生机

大变革的新商业时期，各行业都面临着变革危机，餐饮行业同样位于生死大洗牌的关头。餐饮企业如何转变思维、重构战略，抓住复杂多变、难以捉摸的客户口味，为自己赢得生机？

专注于年轻人口味和消费习惯的火锅外卖新零售品牌——淘汰郎，或许能给予这个问题一个不错的回答。

淘汰郎隶属云景品质（北京）餐饮管理有限公司，成立于2015年，月销6万余单，全年营收过亿元，连海底捞都曾向它学习。2018年5月，淘汰郎推出"千店计划"，将提高店铺密集度，实现全国城市单店覆盖5公里的"蜂巢式"布局。

作为多数人聚餐的选择，火锅的热度从未下降过。淘汰郎却能够在众多同类品牌中脱颖而出，迅速成为火锅领域里潜力巨大的一匹黑马，其高效完整的客户反馈闭环方式，贡献颇大。

　　传统的火锅聚餐，一般都是众人聚集在火锅店中，围在一起热热闹闹就餐。然而，很多消费者往往会临时起意吃火锅，但他们又没有时间去超市进行采购，此时最快捷的方式就是订火锅外卖，但对于很多火锅店而言，并未有外卖这项服务，原因便是一大锅煮好的食材，汤汤水水，无法配送，可操作性极差。此外还有其他问题：如果只是一两个人用餐怎么办，大锅岂不是浪费？餐具回收成本太高又该怎么办？针对这些难题，淘汰郎全面系统地搜集了客户的反馈信息，洞察到问题背后客户真正的需求，并迅速制定了反馈处理方案。

　　问题1：消费频率低，通常超过一个月才会消费第二次。

　　处理方案：做成小锅外卖，可以不受场景的限制。

　　相对于家庭聚会式的消费，1～2人快餐式的年轻人消费才是主要的火锅外卖消费形式。因此，在多数企业都选择大份火锅外卖的时候，淘汰郎选择了1～2人的小火锅外卖，大大提升了消费频率。这种用餐方式比起很多人围在一起的大火锅，既显得卫生，又能避免浪费。

　　问题2：价格过高，影响了消费频率。

　　处理方案：推出99元套餐进行引流，让客户对产品价格不再敏感。

　　火锅讲究食材丰富，否则也就失去了火锅的意义。然而，食材丰富也意味着价格可能也就随之"丰富"起来。是以，价格成了影响消费频率的关键因素。为此，淘汰郎在火锅外卖领域推出99元套餐，可以使客户对价格不过分敏感，同时套餐的形式还能使客户不必亲自选择，节约了时间。

　　问题3：餐具回收问题，难以处理。

　　处理方案：将锅直接送给客户，用锅来做"会员卡"。

　　在火锅外卖里，"锅"注定是一个绕不开的难题。送给客户，成本过高；进行回收，又花费人工。而淘汰郎选择了99元套餐赠送锅的方式，一是因为考虑回收所需物流、清洗等费用，赠送锅具更节省成本；二是锅可以起到"会员卡"的作用，提高复购率。客户第一次购买的时候会收到赠送的锅具，以后再购买就可以选择赠送一份 50 元以下的单品。这种方式无形中就提高了复购率。

正是通过客户反馈闭环方式，淘汰郎搜集到了全面的反馈信息，了解到了客户真正的需要，才能别具一格地以小火锅外卖的形式在餐饮行业里崭露头角。

大变革促进新商业，新商业推动更多大变革。在这样的背景下，企业要像淘汰郎一样，重构自己的战略战术，打造高效完整的客户反馈闭环，洞悉客户需求，掌握客户资源，赢得变革中的生机。

新品牌：商业运作，互联网化

品牌是一个企业无形的资产和有力的竞争武器。树立了独特的品牌形象，企业便拥有了区别于竞争对手的独特标志，便能够在行业领域内占有一席之地。

那么，在新的时期，企业该如何进行品牌运作，才能让消费者记得住、信得过，从而在激烈的竞争中掌握话语权？

答案是顺时而为、顺势而为。新商业时代，万物互联是大趋势，顺应趋势、顺应潮流，用互联网的思维、方法与模式来重构全新的品牌战略，掌握品牌运作规则，是企业维持可持续发展的合理选择。

◇ 品牌运作，互联网化

传统的品牌运作，往往都是先生产出产品，再进行品牌定位与宣传规划，然后开始传播品牌，提升公众对品牌的认知度，最后通过各种营销渠道进行产品的销售。在这种运营机制下，品牌是静态的、固化的，消费者只能被动地接受。

相反地，在互联网的思维下运作的品牌，是企业与消费者共同创造、共同运营的结果，而不是静止的、被灌输的理念。基于这种运作方式，企业不再需要进行大量的宣传来说服消费者，因为在和企业共同创造品牌的过程中，消费者已经产生了心理认同。

实施品牌运作的互联网化，需要企业与消费者保持密切联系，形成共同认知，让品牌进行自然演化，而非事先确定定位，这是新的品牌运作的核心。就具体操作而言，还应注意以下三个方面：

要与消费者保持持续的互动。传统的品牌多数是被动的、单向的传播，而互联网化的品牌运作需要企业与消费者进行持续互动、双向沟通，中间保持一定的连续性，从而持续运营客户。例如，一些电商服装品牌就十分注重与客户的互动，从对着装风格的互相讨论，到衣服样式的设计，再到销售过程与售后服务等，都是与客户持续互动的过程。

要注重人格化。在经典的品牌理论中，品牌包含两个核心价值，一是质量保证，二是人格认同。其中，质量保证毋庸赘言，质量是对品牌最基本的要求，而人格认同则强调人与品牌理念的共鸣。企业要在产品中多一点精神的元素，多一点情感认同的元素，如此品牌可以从简单的信息化表达发展为丰富的人格化表达，使消费者对品牌产生多元认知与情感共振。

要建立分布式的网络以触达消费者。传统品牌触达消费者的渠道往往比较偏中心化，例如宣传广告、搜索引擎等，这些渠道对消费者的触达是标准化的，不会因消费者的不同而产生差别，消费者很难产生情感认同。因此，品牌的互联网化要求企业建立分布式的网络，比如微信、微博、直播等，使触达消费者的渠道偏向个性化，同时还可以通过评论等互动方式来增加品牌的亲和感。

品牌运作向着互联网化的方向发展，使消费者参与了品牌的创建，增强了情感认同，也因此赋予了品牌更加强大的生命力。

✧ 互动合一，共创品牌

一般情况下，年轻人的娱乐方式无非吃饭、看电影、KTV 唱歌等，比较倾向于在封闭空间里开展活动。宁波高新区奇趴信息科技有限公司发现了这一领域潜在的商机，推出了一个聚会电商平台——奇趴，为年轻人提供传统娱乐方式之外的新生活场景，有趣新鲜的聚会玩法。

上线不到 3 年，奇趴已经拥有 500 多种商品，近百款主题聚会套餐，服务了 20 余万用户，每月流水 200 万元以上，月增幅 30%。如今，奇趴已成为年轻人聚会社交圈内的"网红"。

探索奇趴的发展历程，可以发现明显的品牌互联网化的轨迹。

迎合流行，与消费者互动。奇趴打造了大量的线下潮流活动，比如 520 分手派对、环球派对旅行等，同时还与国际知名音乐节进行合作，负责现场除了舞台部分之外的所有场景。这些举措促进了奇趴与消费者的沟通与互动，有利于奇趴接受消费者的各种意见与建议，使得奇趴品牌得以与消费者共同成长。

做有趣的品牌，强调人格化。有趣是品牌得以吸引客户的关键点。生产出有趣的产品，企业便能够与客户进行情感上的共振，形成人格认同。因此，奇趴将自己定位为"干掉你的无聊聚会"，致力于为年轻人提供各种新奇场景的聚会解决方案，比如多种有趣的、难以预想到的"单身趴""闺蜜趴""商务趴"等。

建立分布式网络进行品牌传播。奇趴开通了官方微信、微博及抖音账号，其微博粉丝人数过万，"奇趴 APP"下载用户超 200 万，同时还建立了派对短视频入口。多样化的网络渠道助力了奇趴的品牌传播，使奇趴朝着理想的目标——成为代表一种生活方式的品牌不断发展。

奇趴的成长史可以给我们提供很多借鉴之处，同时也可以看到，品牌互联网化可谓大势所趋。

　　新的时代，线上消费者在不断升级，线上零售的渗透率也在不断攀升。据相关专家预计，到2020年，中国线上零售渗透率将达到22%，总价值约10万亿元。在此背景下，互联网必将推动着品牌战略进行重构，使品牌朝着互联网化的方向发展，迎来"互联网＋品牌"的时代。这就要求企业突破传统，改变原来单向的品牌建设与传播，转向"互动合一，共创品牌"，也就是企业与消费者共同创造品牌，使企业在新的商业格局中崭露头角。

第四章
重建　思维的广度和深度

　　当今的商业社会缺失的不是资金，而是思维。在这充满不确定性的时代，万物都在进行着瓦解再重建，企业要想打赢重构这一场硬仗，首先要做的便是重建思维。

　　优秀的思维是企业无形的操盘手，是管理者最稀缺也最有价值的能力。当企业管理者打破原有的思维禁锢，进行思维重建时，便能够突破心智边界的元认知，在思维的广度与深度上有更高的领悟。

换位思维，不只是感动自己

改革开放之初，中国民营企业的发展速度很快，然而破产倒闭的速度也同样很快。其原因之一便是不少企业管理者在发展的过程中缺乏战略性思维，无法指导企业进一步升级创新，在百舸争流的市场之中，乘浪而行。

思维的力量不可预估，它是一个人心路上的导航、心海里的罗盘。在新时代，企业的重构，应当先从企业管理者开始，而企业管理者的改变，又要从其思维的转变开始。企业管理者思维的转变首先要做到的便是构建换位思维，通过移情，想他人之所想，急他人之所急。

✧ 完成角色的转变

一般而言，企业会基于市场的定位和选择，以自我为中心，按照传统的经营逻辑，从企业向用户传递自我定义的价值。这种传递价值的思维被称为"顺思维"，"顺思维"适用于市场需求庞大之际。如今，在互联网时代，企业与用户之间的互动愈加频繁，市场需求多样，企业便不能再采用以自我为中心的思维，而应产生"逆思维"。"逆思维"是企业从用户的角度出发，根据用户的需求来安排经营。从"顺思维"到"逆思维"的转变就是换位思维。

企业通过换位思维，完成从企业到用户的立场转变，站在用户的角度去想问题，可以精准地了解用户在想些什么，从而制定出正确的发展战略。否则，无论企业做出怎样的努力，最终感动的只能是自己。

某小型旅游公司的一位员工经过几天的熬夜通宵，做出了一份精美的策划文案。这份文案主要是根据职场白领日常疲劳、时间紧凑的特点，为他们规划了一条周期较短的旅游路线。这位员工在文案的最后写下一句话：风光无限，畅想人生。这句话想表达的意思是，旅游路线的风景很好，选择这条路线能够缓解日常疲劳，享受人生。他认为一定会有不少人因这句话而感动，从而前来报名。

然而前来报名的人寥寥无几，那句话并不能打动那些为生活而奔波的白领们。

站在消费者的角度，他们会认为"畅想人生"是"有钱人"才可以做的事情，对于承受着生活压力的白领们，只有努力赚钱才能够享受人生。因此，这句话不仅不会让白领们产生旅游的欲望，反而会激励他们更加努力工作。不懂用户的想法，只从自身角度出发，并不会取得良好的效果，怎么努力也是徒劳。因此，我们要懂得换位思考，站在用户的角度真正地了解目标顾客的需求。

✧ 顾客的真实需求

当你走进唐吉诃德，你绝对不会相信这是以精致整洁著称的日本企业。

这里的物品从地上堆到了天花板，从上至下密密麻麻挂满了商品。摆放杂乱、环境糟糕，作为零售业的另类，唐吉诃德抛弃了日本企业固有的干净、清洁形象，却被称为"日本购物扫货的天堂"，创造了8287亿日元年销售额的零售业神话。

一家超市难道越乱越受欢迎？唐吉诃德有什么经营秘诀？

答案就是通过换位思维，聚焦顾客的真实需求。

企业的产品定价往往要考虑产品成本、店铺经营和人员雇佣等多方面成本，但是唐吉诃德以近乎成本价的定价机制吸引了大量的用户。不仅如此，为了确保自身的价格优势，门店里还专门设立了查价人员，负责访查周围竞争对手的定价，以随时调整售价。

唐吉诃德极致的低价吸引客户蜂拥而至，和同类竞争对手多方考虑自身必要的成本相比，唐吉诃德通过换位思维，与顾客在最为敏感的"价格"上达成了一致。

当制定了低价策略后，为了保证企业利润增长，"薄利多销"和降低成本成为唐吉诃德最主要的两种手段。因此，摆满货物的唐吉诃德充当了仓库和门店两个角色，堆满商品的门店也在一定程度上降低了人工成本。看似又满又乱的唐吉诃德，反而成为顾客频频光顾的特色。

不仅如此，唐吉诃德考虑到顾客的夜间消费需求，通过延长营业时间，成为全日本营业最晚的零售店铺，抢占了夜间消费市场。同时，唐吉诃德还不断丰富商品种类，除了食品、饮品、电器、家具等，还涵盖了便利店、药妆店和折扣店等多种角色，甚至还兼具二手店的职能。看似多而杂的职能涉猎，却极大地延展了用户的购物体验，使唐吉诃德成为用户心中平价超市的不二之选。

唐吉诃德的成功在于契合消费者的心理，这种"吃力但讨好"的商业模式，正是正确运用了换位思维的结果。当企业已经明白用户是如何思考的，用户又为什么会产生这种想法时，企业就已经产生了换位思维。未来，随着时代的快速发展，人际交流也会愈加频繁与复杂，换位思维更是从少数人拥有的软能力，逐步变成大多数人的硬能力。在时代的变化中，企业更需要准备好重构思维，构建换位思维。

✧ 进入别人的视角

换位思维常常被提起，却极少有人能够做到。很多企业也会想到通过换位思维，去真实地了解用户，设计出真正符合用户心意的产品，但却不知如何构建成功的换位思维，从而经常错过追逐消费者需求的超级市场。那么怎么才能做到进入别人的视角，建立成功的换位思维呢？

1. 经常自我反问。

要想拥有成功的换位思维，企业需要经常反问自己："如果我是用户，我会怎样？"

通过自我反问，企业可以将自己视为用户，将自己置身于用户所处的情景中，用自身的心理活动去碰撞用户的心理活动，想象用户会具有怎样的想法。经常反问自己，久而久之，企业就会熟练掌握用户的心理，甚至提前洞察用户的消费需求趋势，从而可以快速占据市场。

2. 与用户加强沟通。

企业与用户的沟通是其成功换位思考的前提。企业只有不断与用户从各个层面进行沟通，从用户那里得到反馈信息，才能抓住用户的微小心理，掌握用户的想法，做到思考方式的换位，以用户的思考方式制定战略，成功构建出换位思维。

企业在遇到问题或在设计一款产品时，可以通过社会调研、信息征集等方式获得用户的建议，通过用户的建议总结出用户的心理趋势，从而以此成功构建换位思维。

3. 掌握用户消费动机。

用户的消费行为下隐藏的动机能够间接反映出用户的思维。例如，当老年消费群体前去商场购买食品时，多会选择无糖食品，那么他们背后的消费动机便是保障自身的健康。当食品加工企业了解了老年消费群体的购买动机时，就可以站在老人的角度去思考，什么样的食品才能更加保障健康。企业要了解用户的消费动机，才能以动机为着力点，构建换位思维，从而更好地满足用户的需求。

换位思维不是一种复杂的技巧，而是一种态度。企业以换位思维从各个不同的角度研究市场，就可以在快速发展的市场之中，快速准确地掌握用户心理，看透市场需求。

流程思维，平凡中创造奇迹

对于流程，人们既熟悉又陌生。熟悉是因为人们很多时候会听到一句"按流程办事"，陌生是因为很多人没有领会流程存在的真正意义。企业作为一个大型的组织，流程是保证其正常有秩序地运行的重要工具，然而很多企业仅仅将流程视为自身运转的连接带。

其实，流程存在的价值并不平凡，当企业在重构思维的过程中，构建出流程思维时，企业中的流程便会在流程思维的操纵下，发挥出极大的价值，从而助推企业在不确定的未来市场中持续前行。

◇ 流程思维的价值

没有流程化的思维是零散混乱的想法的集合，而流程思维则是一个有条理有层次、脉络清晰的思考路径。很多企业伟大的成就来源于以流程思维对流程进行掌控和优化，把每一个流程、步骤都进行优化，做到最好，这个过程也叫作全流程优化。

从表面上看，全流程优化没有特别的意义，仅是将事情做到最好。但全流程优化理念最大的特点就是对每一步流程的优化都是一次量变。当企业真正构建流程思维，做到全流程优化时，就可以实现流程的质变，从而得到意想不到的结果。

近年来，随着新媒体的发展，越来越多的 KOL（关键意见领袖）开始活跃。他们可以通过自身的影响力去引导一些消费群体的购买行为，于是，很多企业会邀请 KOL 帮助宣传企业产品。因此，人们常常看到 KOL 会在微博、微信及其他媒体或自媒体平台上发布一些软文，软文中穿插着商品的信息，当读者点击阅读后，如果对商品产生兴趣，便会点击链接进入卖家店铺。当读者浏览店铺或商品介绍后，会根据其实用度考虑是否进行购买。

利用消费者时间碎片化的特性来吸引消费者，是一种常见的商品销售形式，目的是卖出更多的商品。然而对于如何卖出更多的商品，人们会有不同的见解。有人认为保证商品的品质才是最好的卖点；有人认为优质的服务才能吸引到更多的消费者；有人认为应该从软文入手，引起消费者兴趣；有人认为网络店铺的装修风格才是最为重要的。

以上这些因素都是企业吸引消费者的要点，然而，一家优秀的企业会从全流程优化的角度出发，通过对每一个流程的优化来引导并吸引消费者。

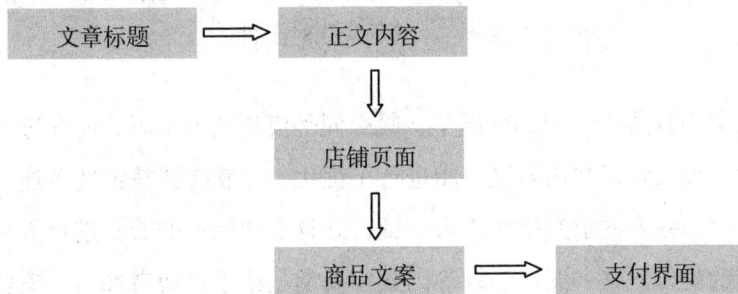

图 4-1　销售商品的流程图

　　在上述流程中，如果将全流程优化应用于此流程，就可以与普通流程形成鲜明的消费流量对比。

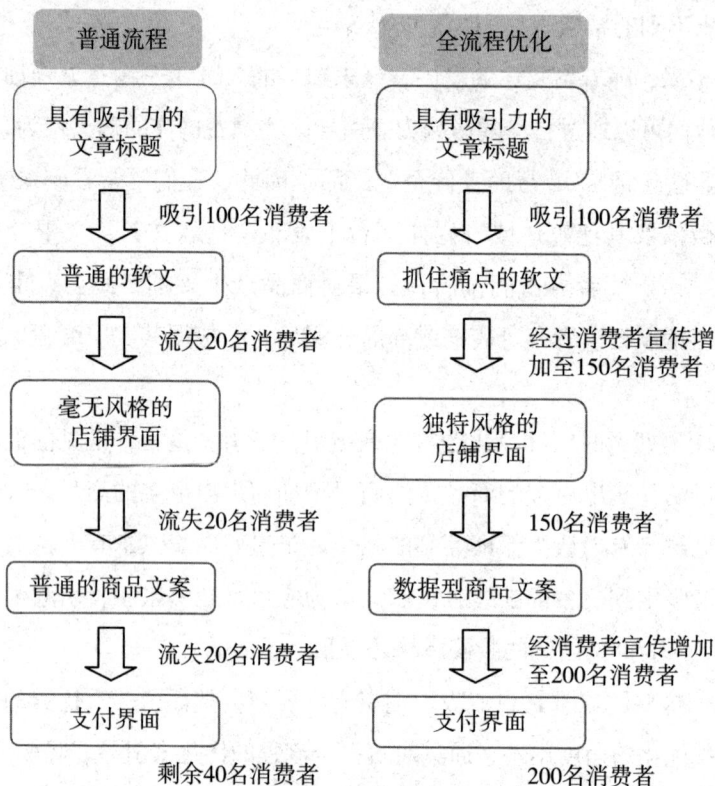

普通流程	全流程优化
具有吸引力的文章标题	具有吸引力的文章标题

吸引100名消费者 → 吸引100名消费者

普通的软文	抓住痛点的软文

流失20名消费者 → 经过消费者宣传增加至150名消费者

毫无风格的店铺界面	独特风格的店铺界面

流失20名消费者 → 150名消费者

普通的商品文案	数据型商品文案

流失20名消费者 → 经消费者宣传增加至200名消费者

支付界面	支付界面

剩余40名消费者　　　　　200名消费者

图4-2　流程优化对比图

　　在具有同等吸引力的标题下，吸引同等流量的消费者，而在进入正文内容后，如果将正文内容这一步进行了优化，用软文抓住消费者痛点，消费者便会因强烈的求知欲而进入店铺，并且会向周围的朋友进行推荐。如果店铺的整体风格、图片修饰等因素在视觉上给予消费者冲击，消费者便会有兴趣了解商品的详情。如果商品文案为消费者提供了多种数据，让消费者形成对商品品质的信任，消费者便会进行购买。

这是全流程优化的威力，一旦中间存在任何一个流程没有得到最佳优化，便可能会让消费者失去对商品的兴趣。全流程优化是一个被人低估了的方法，它是思维领域的价值洼地，一旦企业对其进行了挖掘，便会使流程实现从量变到质变的飞跃。

✧ 创造奇迹的秘籍

对于企业来说，对每一条流程进行全流程优化，虽然会耗费大量的精力，但每一个流程提供的价值却在不断上升。当每一步流程都达到极佳时，整个流程线就是企业坚不可摧的高墙。但企业要想在实践中真正做好全流程优化，就要根据不同类型的流程制定不同的流程优化策略。

第一种类型：独立型流程。

独立型流程是指流程之间不是环环相扣的，彼此之间可以独立，前一步流程与后一步流程之间没有直接的影响。

如果企业搭建的是独立型流程，那么在全流程优化的过程中，企业可以选择优化顺序。因独立型流程相互独立的特性，企业可以不按照流程顺序进行逐步优化，而是可以优先选择最容易优化的流程进行价值最大化。尤其对于一些资源有限的企业来说，当在全流程优化时，只能暂时先优化一部分流程，便可以选择最容易优化的流程，使其达到最佳。

此外，企业还可以选择最重要的流程进行优先优化。对于资源有限的企业而言，当只能暂时优化一部分流程时，可以选择具有较高影响度和损益度的流程进行优化。

第二种类型：联系型流程。

联系型流程是指前后流程之间联系紧密，环环相扣，前一个流程的进展会直接影响下一个流程。

联系型流程具有风险性，其中一步流程出现差错，就会影响整个流程系统的运行。因此，如果企业搭建的是联系型流行，在进行全流程优化时，就要根据流程顺序自上而下或自下而上进行逐步优化，并要注意前一步流程与后一步流程间的联系性。

联系型流程还具有较高的扩散度，流程的前端可以影响后端，后端也可以影响前端。所以，当企业的资源有限，只能暂时进行部分优化时，企业可以选择流程的前端与后端进行最先优化。

全流程优化可以让每一个流程的价值发挥到最大化，从而实现整体价值的最大化。但企业在全流程优化的过程中，要注意复杂流程背后隐藏的危机。

全流程优化的一个重点便在于一个"全"字。过去传统的商业模式相对简单，企业形成的流程也相对简单，在流程优化的过程中，只需优化好少数几个要点就可以实现整条流程的价值最大化。但随着互联网的兴起，市场的多变，企业搭建的流程也愈发复杂、详尽。而无数的传统商业巨头便会因不习惯多流程的转化，而在一些流程上出现纰漏，进而失去一定的效率，在一级一级的流程损耗中倒下。

"全"是"优"的根基，全流程优化是企业蜕变的希望，是让企业走向卓越的机遇之门。企业要想做出伟大的成就，就要先全后优，站在全流程优化的视角，宏观掌控全局流程，并以微观之势对每一个细小的流程进行细致优化，在平凡的流程中创造奇迹。

借势思维，掌握规律是关键

时代是一个超级漩涡，企业的处境就如同落入漩涡边缘的一片叶子，如果看不清发展的趋势，与之背道而驰，终会让自己筋疲力尽、伤痕累累。与无法阻挡的趋势相比，企业的力量是渺小的，只有借助趋势的力量，才能逃离险境，重获新生。因此，企业想在市场的大潮中生存与发展，必不可少的就是借势思维，依靠趋势的浪潮，实现质的飞跃。

◇ 借势造赢家

每个时代都有每个时代的趋势，很多企业的成功就源于踏对了时代趋势的节拍。海尔 CEO 张瑞敏说："没有成功的企业，只有时代的企业。如果跟不上时代的节拍，很容易万劫不复。"在互联网新兴之际，海尔进行自我变革，依据互联网创造平台化企业。当物联网在互联网趋势之下延伸触角时，海尔又借助物联网的发展势头战略转型。海尔一次又一次进行颠覆性创新，只为跟上时代趋势的节拍，借助趋势的力量将企业推上市场之巅。

不仅仅是海尔，如果翻阅企业发展的历史，会发现在它们身上印刻着时代的烙印。20 年前，行业巨头多是能源矿产的企业；10 年前，市场头部玩家多是经营房地产者；如今，企业巨鳄则多是互联网企业。在市场中瞄准未来的趋势是企业应该具备的敏锐能力，借助趋势的力量让企业跨越时代之巅是其应该具备的智慧。

教育行业为国家基础长青的行业，据蓝象资本报告显示，2017 年中国教育行业总体规模已达到 7.79 万亿元，2020 年预计突破 10 万亿元。整体来看，教育行业增长迅猛，市场潜力巨大。因此，不少企业开始将目标转移到教育行业，以教育为着力点进行布局成为市场发展趋势。

百度、阿里、腾讯依靠发展迅猛的互联网技术，将教育在互联网上进行布局，形成了在线教育的趋势。许多互联网企业，如今日头条、京东教育、美团等新玩家也纷纷入场在线教育。

然而站在互联网教育大小企业另一端的老牌教育企业也不甘示弱，纷纷打出差异化战略，在人工智能技术上布局教育的发展，并形成了人工智能教育趋势。北京世纪好未来教育科技有限公司（以下简称"好未来"）就是一家将教育附着于人工智能之上的教育平台，它快速瞄准了教育在未来的发展趋势，并借助这一趋势成功赢得了市场。

好未来是一家以智慧教育和开放平台为主体，以素质教育和课外辅导为载体，在全球范围内服务公办教育，助力民办教育，探索未来教育新模式的科技教育公司。

近两年，好未来持续发力教育科技，各类教育"黑科技"层出不穷，先后成立行业内首家"人工智能实验室""脑科学实验室"。早在 2017 年，好未来便通过大数据等科技元素创造了"魔镜系统"，助力教育产品转型升级。"魔镜系统"是可以借助摄像头捕捉学生上课时的举手、练习、听课、发言等课堂状态和面部情绪变化数据，生成专属每一个学生的学习报告的人工智能辅助教学系统。这一系统能够让家长不去陪读也可以轻松了解孩子课堂学习状态，是好未来为未来智慧教室构想的美好蓝图。"魔镜系统"一经推出就获得央视、人民网、光明网、千龙网等数十家媒体的关注与报道。

2018 年，国内教育体系更加完善，市场总规模超过 2 万亿元，教育快速发展的趋势让好未来加快了在智能教育上的布局。

2018 年 7 月，以"爱教育，AI 未来"为主题的 2018 好未来智能教育大会在京举办。会上，好未来推出"WISROOM"智慧课堂解决方案，并升级"魔镜"为基于课堂过程的教学效果智能评测系统。同时，好未来也宣布与四所海内外高校达成战略合作，建立"清华大学 – 好未来"智能教育信息技术联合研究中心、"斯坦福大学 – 好未来"未来教育研究实验室、"中科院计算所 – 好未来"教育智能技术联合实验室、"四川大学 – 好未来"教育捐赠研究中心。

好未来认为教育与人工智能的结合是必然趋势，通过大数据和人工智能，教师和家长能够更精准地了解学生，否则因材施教无从谈起。因此，好未来创始人兼 CEO 张邦鑫表示："互联网正在重构学习，人工智能将会融合教育。我们希望通过研究学习的科学，让孩子更科学地学习。"

好未来将教育与人工智能融合推出的一系列教育产品，成功得到了数万名家长的认可。据 2018 年官方数据显示：2018 年好未来净收入增长64.4%，入学人数增长 89.3%，小班教室数量增加 2373 个。与 2017 年扩容相比，总体容量增长 30%。其中，第三季度和第四季度的长期班人数，同比分别增长 49% 和 40%。

趋势是一条推动企业前进的浪潮，顺势而为，借助趋势的力量，企业才能走得更快更远。好未来就是在教育趋势兴起之际，以借势思维把握住自身发展的方向，从而在智能教育领域抢占了市场，创造出不凡的成绩。

✧ 抓住趋势的本质

时代趋势造就无数企业的成功，让后来者懂得，掌握好市场发展的趋势才能不败给时代。然而，看透市场发展的趋势，与趋势共舞并不是一件易事。很多企业因市场趋势把握不准确，从而与之背道而驰，成为时代巨轮下的尘埃。企业要想把握市场发展的趋势，依靠的不是盲目的商业决断，而是趋势的本质，即规律。掌握规律，企业才可以采用借势思维，抢占先机。

企业要想借势，首先要做的就是聚焦科技，看透科技背后隐藏的趋势规律。科技进步是财富与文明进步的根本，世界上最大的趋势多是来源于科技的革新。例如，每一次在工业革命时期诞生的企业，都会因其参与了科技革新的行业，而成为世界强企。搜狗、百度等网站巨头的成长，来源于信息技术的进步，今日头条、滴滴、美团等顶级企业的形成，则是因为智能手机技术与移动互联网的升级。

显然，抓住了科技进步的方向，就可以窥视到市场趋势的变化方向。因此，企业要关注那些具有里程碑意义的重大科技，一般而言，其会成为未来不可逆转的发展趋势。

市场的发展多依靠政策的加持，企业要想掌握规律，就要关注政府推出的一系列政策。科技革新会带来市场趋势，而未来重点发展的新科技，则多源于政府出台的一系列政策。例如，在"十三五"规划中，政府推出了《"十三五"国家战略性新兴产业发展规划》，其中指出，未来国家大力发展的战略新兴产业有节能环保、生物产业、新能源、高端装备制造等，其中一些产业正在逐步成为市场行业的发展趋势。

政府会依据国情大力扶持一些产业的发展，因此，对于企业来说，时刻关注国情，紧跟政府政策，就可以掌握市场发展趋势，并借助趋势，实现飞跃。

　　大海中的鱼虾在浪潮掀起的那一刻，会随着浪潮被推向远方。因此，它们必须学会在浪潮中随浪而行，这是它们必修的生存之道。同样地，企业在市场中的发展也要学会顺应趋势。但企业与鱼虾相比还多着智慧，所以，企业更要懂得抓住市场趋势的内在规律，扩大格局，采用借势思维，借助趋势的力量，顺势为王。

生态思维，突破发展的瓶颈

一般而言，很多传统企业都有一种线性思维，即只从点到点之间，单向的、缺乏变化的思维。很多企业只考虑自己的顾客是谁、供应商是谁，以为解决了顾客与供应商，就解决了一切问题。具有线性思维的企业因其片面、直观的思维方式，常常会无法在变化迅速的市场中立足。

在充满高度不确定性的今天，企业要突破发展的瓶颈，就要不断进行变革与进化，跨越不连续性的鸿沟。企业必须要打破传统企业的线性思维，抽离自身，构建生态思维，从而掌控企业整体格局的发展。

◇ 拓宽视野，谋求蝶变

提及生态，很多人想到的多是大自然的生态环境。生态原是指生物在一定自然环境条件下的生存状态，以及生物与生物之间、生物与环境之间所形成的关系链。而在商业系统中，商业就如同大自然的环境，而企业就如同单个的生物，在市场的不断完善中，不少企业便将大自然中的生态关系，运用至企业当中，以生态思维窥探某一点背后所隐藏的生态体系，从而突破自身发展。

商业的生态就体现在维持一个公司整体运行的产品上。很多成熟的大企业，旗下的产品都存在着很强的关联性，一件产品可以衍生出另一种产品，并且都有着互补的功能，逐渐形成了一条属于自己的生态链条，这个链条上的每一个产品都彼此相连。

小米就是一个典型的以生态思维创新发展模式的案例。2019 年，小米生态链上深耕智能家居领域的云米公司，推出了 AI 油烟机 AirBot，其生态链上的纯米科技在上海正式发布了全新互联网厨电品牌——TOKIT，这是小米生态链在智能家电领域的进一步覆盖，也是其打造全方位生态链的又一次跨步。

其实小米刚出现之际，仅是一个生产手机的普通企业，它以饥饿营销、高性价比在手机市场不断拼杀。但当其他手机品牌开始打价格战后，小米的商业模式受到了冲击，就在小米的发展触碰天花板之际，它却从降价的单点比拼中走出来，以生态思维创建了新的商业模式，即小米生态链。

小米站在一个生态化的视角，以手机为支点，创建智能家居，如电视机、扫地机器人、空气净化器等，并将手机与所有智能家电进行信息联通，共同形成了整个智能家居的生态。小米生态链上有着近百家分支企业和几十种智能家居产品，而此时的小米手机便不仅仅是一部手机，而是整个智能家居生态的入口。小米依靠生态思维开辟了全新的领域，创建了更大的格局。随着小米的成功，越来越多的企业开始运用生态思维创建新格局。例如，海尔通过其"U+ 智能"平台与苏宁 APP 的结合，以开放式的合作打造智能家居生态圈；腾讯以游戏运营和网络平台为基础，展开电影、音乐、动漫等多领域、跨平台的商业拓展。

比个体更强大的是生态。企业在市场中生存，与其单独拼杀，不如构建生态链条，以自身的主打产品为基点，扩展新行业，从而形成内部生态链，构建自己的帝国。或者企业也可以选择与其他行业进行合作，取长补短，作为生态链上的一个节点，与其他节点共生共存。

◇ 生态衍生，生存延续

生态思维可以助力企业突破发展的瓶颈，进入新的发展机遇中，但生态思维还具有衍生模型，企业要想真正做到以生态思维开拓格局，就要看透衍生模型背后的规律，并据此找到真正适合企业发展的思维方式。

1. 衍生模型之共生模型。

对于李维·斯特劳斯的创业故事，很多企业家并不陌生。美国西进运动期间，人们在加利福尼亚州发现了大量黄金，因此众人纷纷前去淘金，一时间，淘金热潮高涨。而犹太商人李维·斯特劳斯也前往了加利福尼亚州，但他不是加入淘金的队伍，而是做起了牛仔裤的生意。淘金挖矿的工人需要大量结实耐磨的裤子，李维·斯特劳斯便在淘金聚集地兜售牛仔裤，并逐渐建立了优秀的服装品牌——Levi's（李维斯）。

李维·斯特劳斯的成功便在于以生态思维，窥探到淘金市场的整个共生生态。淘金市场中有黄金和工人，工人同时也需要衣服、食物、工具等，这些共同构成了整个淘金系统。因此，当企业在前进的过程中，遇到市场中出现新的领域，且自身实力不足以与加入其中的巨头玩家进行竞争时，可以以生态思维窥探新领域运转的整个生态体系，找到与新领域共生的机会，从而在共生中崛起。

2. 衍生模型之避势模型。

避势模型是指企业要在其所处的生态系统中，避开"大势力"，在其他界位找到适合自身生存的位置。其核心理念就是当遇到强者竞争时，可以选择避开它的位置。例如，有一片大森林，森林的周边是大片的草原，森林中央有老虎、狮子等大型食肉动物。而狼则会避开它们的领地，在森林中央的外侧建立领地；兔子则会避开狼的领地，在森林边缘部位生存。

狼与兔子都聪明地寻找适合自身生存的位置，就如同在如今的互联网市场中，新的互联网创业者通常不会去碰触社交领域，因为在这一领域，有着一位超级霸主——腾讯，新兴互联网创业者没有与之抢占市场的能力。因此，他们多选择避开社交领域，扎根其他互联网行业。

企业在发展进程中，同样可以以生态思维中的避势模型，来改变生存之道。当某一层级的竞争无法撼动时，企业可以降低层级寻求生存的位置。但企业需要注意的是，避势思维并不意味着避开强者就可以成功。而是要在避开之际，企业仍要不断提高自身的实力，让企业不断进化升级。

此外，企业还需注意，避势位置的选择并不意味着越偏僻越好。避势的选择具有强大的灵活性，偏僻的界位不会有较大的扩展空间，而且，当新商业领域的生态并不饱和之际，企业仍可以在需求过大的新领域扎根。

3. 衍生模型之平台模型。

国内大的公司多是平台型公司，如阿里巴巴、腾讯等，他们通过整合各方资源形成生态圈。生态圈里各个参与方之间，即企业之间是平等的关系，不存在一方控制另一方等现象。生态圈中的企业，各自凭借着自身的品牌与产品实力使企业间互利共赢，各自有各自的品牌，各自的市场，各自的用户群体……而生态圈只是为参与企业提供了一个发展平台。

对于很多企业来说，构建平台需要强大的资源，而体量较小的企业没有构造平台的能力。但企业需要意识到平台模型不是一个结果，而是一种思维方式，无论量级的大小，它都可以发挥相应的作用。

因此，一个平台其实就相当于一个生态系统，企业与其在行业中与其他企业竞争日益减少的市场空间，不如以生态思维变成承载资源的平台，进而摆脱增长乏力的困境，创建新格局。

生态是一个庞大的系统，生态思维要求企业不要将目光聚焦于一件事物之上，而是通过观察它周边的事物，了解这个事物所处的整个生态系统，从而在整个生态系统之中改变格局，优化发展路径，构建生态链，深度变革。

系统思维，反常规下的智慧

社会上存在着各种各样的人，这些人不是单一的存在，而是多种角色的集合体。在不同场合、不同环境、不同阶段，人们扮演的角色是不同的。例如，一位男教师，在家庭里，他是父母的儿子，是妻子的丈夫，是孩子的父亲；在工作中，他可能承担着班主任、数学课老师、优秀教师等多种社会角色。一个人的价值有多大与其在各种不同角色上的"扮演"效果有关。

同样地，商业中的各种企业亦不是单一存在的，同一家企业可能既是生产方又是消费方，可能既是销售方又是购货方。各个企业之间彼此交叉，互相影响，互相关联，形成了一个复杂的关系。商业有着自身的框架体系，对这些体系运用得好坏决定了企业发展的质量高低和速度快慢。为此，面对复杂的商业活动，企业必须重构思维，以系统思维洞察商业。

✧ 思维不同，结果不同

心理学家研究表明，人类的大脑更倾向于线性关系。假设一块土地多施 10 斤肥料粮食可增产 1 斤，多施 20 斤肥料粮食可增产 2 斤，这时肥料与粮食之间便是线性关系。线性关系是有头有尾、有因有果的，如例子中多施肥是因，粮食增产是果。

若上述例子多施 100 斤肥料，最后却不一定能得到增产 10 斤粮食的结果，因为过多的肥料有可能会破坏土壤中的有机质，导致粮食的减产。线性关系是微观层面上分析的结果，在复杂的现实中往往会失效，为此人们需要站在更高的层面上，重塑思维。

线性思维是一种直线的、单一的思维方式，但实际上万事万物往往是复杂的、多变的、动态的。在商业世界，各要素之间的关系更是彼此交叉的，线性思维难以协助企业处理错综复杂的商业活动，而生态思维强调事物间的联系与互相影响，弱化了线性思维的局限性。但是当联系与影响十分复杂的时候，生态思维的弊端就会暴露出来，这时就要颠覆原来简单的线性思维，用系统思维来处理问题。

在系统思维中，某个短线条的因果关系不是最重要的，整体体系结构才是最重要的。这是一种超越常规逻辑的思维方法，对企业应对错综复杂的商业世界十分有利。系统思维能够在更高的层面上分析出问题的复杂成因，从而更好地解决问题，还可以精准地评估形势，以反常规下的智慧帮助企业开创出全新的局面。

思维决定行为，行为决定结果。商业竞争越来越激烈，企业若还是采用简单的线性思维，必然会被市场淘汰。面对新的经济环境和市场挑战，系统思维是每一个管理者应该掌握的一种能力。

◇ 颠覆逻辑，升级思维

所谓系统思维，是指把目标对象作为一个系统，从系统与要素、要素之间、系统与环境的相互联系和相互作用中全面地考察目标对象。在系统思维下，商业世界有许多新的规律，这些规律将指引企业获得更好的发展。

1. **整体可分为部分，部分之间有联系。**

在现实生活中，分解是最常见的一种形式，通过理解一个个部分来理解整体是常用的一种方法。例如，物体可以分解为分子，分子可以分解为原子，原子可以分解为质子，质子可以分解为夸克；又如，在教育中，学科可以分为文科、理科、工科，文科又可以分为文学、历史、传媒等。同样，在商业中分解的方式广泛存在着，如各个行业的划分、上下游产业链的划分、企业内部各个职能部门的划分等。

商业是一个整体，将其划分为各个部分，能够简化复杂的商业世界，但同时也让商业世界变得失真。系统思维强调各个部分之间的联系，并不简单地将各个部分之和等同于整体。例如，企业的目标是盈利，这是整体；盈利可以从两方面入手，即增加收入和减少成本，这是部分。然而实际上，在公司中收入增加与成本减少往往需要来自不同部门，比如，收入增加需要提高销售，成本减少需要内勤或售后部门减少开支，而销售与内勤、售后部门之间又存在着紧密的联系，不可能粗暴地根据分目标对部门进行分隔。

2. **部分之和可能大于整体，也可能小于整体。**

各个部分之间有着紧密的联系，对这些部分进行重组，将取得不一样的结果。根据各个部分的特性有针对性地进行重组，各个部分将充分发挥优势，并彼此配合，最终大于整体；但是，若不顾各个部分特点，随意进行组合，各个部分可能相互阻碍，最终导致部分之和小于整体。

假设公司每个销售小组的实力相当，每月均有30万元的业绩，那么两个销售小组的业绩是多少？很多人觉得是60万元。如果这两个销售小组一个在中国，另一个在英国，它们之间业务没有重合，那么这两个销售小组的业绩是60万元。但是，若它们的业务存在重合，甚至有着紧密联系，这个总值便不一定是60万元。如果它们相互配合，良性竞争，可能会产生

80万元的业绩；如果它们互相使绊，恶性竞争，可能最终只有50万元的收入。

在篮球比赛中，那些只有一个明星球员的球队甚至会比那些群星云集的球队表现更好。这是因为在只有一个明星球员的球队里，队员们会以他为中心进行配合，每个人的实力都得到了发挥。而群星云集的球队里，虽然每个人的实力都很强，但是却没有中心，很难配合，每个人的实力都难以得到很好的发挥。所以，部分之和不一定等于整体，看似实力很强的整体不一定能取得好的结果。

3. 系统思维中因果关系是循环的。

在系统思维中，因果关系是模糊的、循环的。例如，某企业因为产品量产单价降低，价格优势又使得产品销量提高，销量好使得企业生产进一步扩大，价格得以再次降低……在这个例子中，产量提高是单价降低的原因，单价降低是销量好的原因，销量好是产量提高的原因，形成了一个循环。

以系统思维看问题可以发现，原因熟悉、简单的因果被颠覆了，这个时候思考的方法也要进行重构，从更宏观的角度去解决问题。

◇ 系统智慧，卓越发展

在系统思维下，企业的举动往往是大胆而反常的，同时，通过系统思维，企业可以知道是哪些因素起了作用，哪些节点构成了循环，这种循环是正反馈还是负反馈。例如，小米因为产能不高导致只能饥饿营销，饥饿营销让消费者备受追捧，消费者的追捧导致需求加大，需求加大又导致产能跟不上……在这个正反馈循环中，小米走上了快速发展的道路，并成为世界知名的手机品牌。

按照常规思维，货源不充足是企业必须规避的一点，但是小米却通过这一点强化了品牌记忆与发展。那么企业要如何利用系统思维解决问题，从而拥有一只无形的大手来调整整体的发展呢？

首先，分析发展各要素之间的关系，根据这些关系建立一个系统。其次，识别系统中可以调整的要素，哪些是可以改变的，哪些是不可改变的。最后，对系统中可改变的要素进行调整。

分解的思维习惯固然可以让问题简单化，但割裂地看问题往往过于片面。"只见树木不见森林"，这便是分解最大的弊端。商业活动中的问题是一个统一且相互关联的系统，一味采用"分而治之"的办法注定是徒劳的。从总体的角度出发，把系统中的人、货、场等要素协调处理，企业将从系统思维中寻得一条更具大局观的发展之路。

第五章
重设　管理的边界与转型

　　未来的商业在变革，企业与员工已不再是单纯的雇佣关系，而是一种彼此尊重、相互合作、自由与责任并存的关系。两者因共同的理念和目标凝聚在一起，为了共同的事业而奋斗。

　　企业管理无法再延续传统的考核与管控模式，而必须深度重构，重设管理边界，进行管理转型，掌握适应未来的管理平衡，以赋能代替管控，以协同代替分工，以激励代替考核，真正健全新时代管理机制，使企业达到理想的发展状态。

平衡，而不是无序

多数企业都存在这样的现象：领导者每天都在忙忙碌碌，但是效率却不高，甚至很多时候都在忙于"救火"；企业每次开会提出的都是重复出现的问题；员工的工作总是达不到很好的效果……这就是管理的无序。

如果一个企业出现了管理无序的现象，那么势必会带来诸多弊端，比如组织结构层级混乱、各项流程不够清晰、制度形式大于内容等。长此以往，员工的基本工作就难以做好，业绩下滑是必然之势，进而导致企业的发展陷入困境。因此，企业必须把握好平衡，提高管理效率，打造一支稳定有力的团队来应对充满不确定的未来。

平衡管理并不是简单地制定几项无关痛痒的制度，更不是自欺欺人地拆东补西。企业需要顺应时代，全面系统且深刻地重设自己的管理模式，扫除那些隐藏的弊端，为新时期的发展打下组织基础，以新的姿态抓住新的机遇，从而获得新的生机。

✧ 松懈管理，造成制度混乱

管理问题是企业必须重视的环节，高效的管理是保证企业发展的前提。如果一个企业在管理上出现了问题，那么由企业内部引发的危机将比外部环境的打击更为可怕。

管理的本质就是管人，通过对人的管理，达到人、事与物的和谐统一。而要对人进行管理，必然要凭借一定的制度。然而，凡事都有度。适度的管理能够使各个管理要素的质和量达到高度统一，保障企业实现经营目标。倘若管理过于松懈，必然会造成制度混乱，导致人浮于事，最终阻碍企业的发展。

当然，管理松懈并不是企业故意为之。它如同一种慢性病，往往会在不知不觉中腐蚀企业的管理体系。如果企业出现了以下一种或几种情形，那么就要警惕企业在一定时期内是否管理过于松懈。

1. 制度"不全"。

没有规矩，不成方圆。企业的管理制度是企业进行管理活动的依据，也是企业员工在企业的生产经营活动中共同遵守的规定和准则。倘若管理制度不健全，势必会影响企业的管理活动，进而影响企业的生产经营。

健全、科学、实用的制度体系方能使员工个人的活动得以合理顺利地进行，同时维护员工的共同利益，从而保证企业的正常经营管理。

2. 制度"不符"。

管理制度是相对于一定时间段而言的，过去的制度并不一定符合现在的发展。如果企业的管理制度长时间未进行更新，那么企业就有必要进行制度自查，以确保管理制度跟得上企业发展的节奏。

3. 制度"不知"。

企业制定出成体系的管理制度后，如果不做好公示工作，保证全体员工都知道并了解该制度，那么制度的制定就失去了意义。

因此，制度体系形成后，要建立有效的制度公示渠道及制度学习机制，并对制度的掌握情况做好检查，以督促全体员工理解透彻并能够按制度进行日常的工作。

4. 制度"不用"。

没有有效的执行，管理制度就成了束之高阁的一纸空文。因此，除了督促员工理解制度外，企业还要提高制度执行力，坚持把执行变成一种本能。

避免管理松懈并不是一蹴而就的事，企业要时刻自省，经常检查自己的管理是否出现了以上情形，从而及时进行调整，使管理达到平衡，以保障组织各要素协调发展，利益与风险达到最佳结合点。

✧ 过度管理，带来负面效应

松懈的管理会阻碍企业的发展，而管理过度同样也是危害无穷。过度的管理不但不能助力企业发展，反而会带来负面的效果。

一些企业领导者喜欢经常开会，如各种研讨会、营销会、晨会、周会、月会、季会等，"会会不绝"。还有很多领导者热衷于收集报表，不论这种报表企业是否需要以及出自何种目的，事无大小都喜欢让员工以报表形式来呈现。

这些现象的产生就是因为领导者未能真正领会管理的真谛，导致对企业进行了过度管理。

实际工作中，过度管理往往有很多种表现形式，而最常见的则是以下几种情况：

制度过于复杂。大部分企业都会搭建自己的管理体系，涉及战略管理、营销管理、安全管理、生产管理、采购管理、质量管理、财务管理等方方面面。但是，这些看上去全面且完善的管理体系往往因为过于复杂、过于理论化而成为摆设，导致无法得到有效的应用。其实，在企业的成长期，其管理制度不宜过于复杂，企业的工作重点应该放在经营而不是管理上。

标准过于严苛。有些管理者常常强调"细节管理，重在执行"，他们认为最严格的标准和制度才能提升工作效率。曾经有一家企业为了避免员工因上厕所而降低工作效率，对员工上厕所的时间和频率进行了规定，超出"规定"就要进行罚款。这样的"规范管理"就属于最直观的管理过度的表现。

管理技术过度使用。一些企业喜欢不断尝试各种管理时尚，比如全面质量管理、流程改造、杠杆管理、质量体系认证等，不断试验各种流行的新技术并且乐此不疲。而这样做的结果往往是企业由于过度管理而陷入僵局。

不论是何种情况的管理失衡，过度管理给企业带来的负面影响都是难以估量的。

首先，过度管理会给企业带来信任危机。领导者的过度管理、过度干预，会让员工感觉不到领导对自己的信任，认为自己的工作能力受到怀疑，给员工带来紧张情绪，导致员工的精神压力过大，从而影响工作效率。另外，领导者毕竟不是项目的真正实行者，其过度干预有时可能并不完全合理可行，反而会影响员工工作的进度。

其次，过度管理会使企业内部的信息沟通出现障碍。数据时代的信息浩如烟海，沟通有无限种可能，出现理解偏差是在所难免的。而企业一旦管理过度，各部门之间的信息沟通就更是雪上加霜，会遇到重重障碍。如此一来，就会出现信息不畅、缺乏双向反馈的情况，遑论信息的准确性、有效性与及时性，企业往往会因此而错失诸多良机。

最后，过度管理会滋生官僚主义作风。领导者倘若过分注重签字、开会和看报表，而很少深入现场了解实际工作情况，就容易滋生官僚主义作风，认为只要听听报告就可以完成管理。然而，这样做出的决策往往会产生极大的执行偏差，从而给企业带来不必要的损失。

因此，企业管理要适度，要掌握好平衡之道。松懈管理会造成制度混乱，使企业的发展停滞不前；过度管理，则会带来超乎想象的负面效应。如何把握好管理的"度"，需要企业在全面深入地调查研究之后，根据企业发展现状、市场需求等情况，制定出符合自身、顺应时代的制度体系。

◇ 平衡管理，打破无序状态

适度的企业管理能够为员工营造自由的成长空间，从而助力企业发展；失衡的企业管理必然会造成管理的无序，对企业发展产生或大或小的影响。而在这方面，专业从事智能语音技术研究的科大讯飞股份有限公司（以下简称"科大讯飞"），就深谙平衡之道。

临近 2019 年春节，科大讯飞开始对其教育、政法等部门进行裁员，其比例高达 30%。如此大规模的裁员不会给企业带来负面影响吗？

对此，科大讯飞的董事长刘庆峰回答："科大讯飞 2019 年的人力将保持总体稳定、略有增长，但绝不是通过裁员把人员变少。"他说，组织是需要进行新陈代谢的，不论企业还是个人，如果不及时进行新陈代谢，那么内部就会失衡，迟早会被时代和市场新陈代谢掉。

因此，科大讯飞启动了 2019 年"春晓行动 2.0"，大力招揽顶尖人才，同时对企业自身进行大胆革新，通过绩效考评及末位淘汰来优化人员效率、提升组织效能。科大讯飞还通过有效打破部门墙来提升个人效率与协作效率，并通过裁撤冗余编制、优化组织结构，提升了内部效率。

科大讯飞采取了裁员、招才引智、优化内部管理等一系列措施来平衡管理，提升企业管理能力，这也可以说是科大讯飞预见危机后的一次自查自省。这一系列的措施使得科大讯飞平衡了内部管理，各部门工作效能得到了进一步提升。

董事长刘庆峰表示，科大讯飞还要不断提升管理能力，尤其要向华为学习。他说："如果科大讯飞今天在核心技术上算研究生，产业上算本科生的话，那么我们面对舆情只能算是小学生的心智。"

总而言之，企业管理必须要重视。正如科大讯飞一样，企业需要不断地进行自查自省，方能把握好管理的"度"，掌握好平衡之道，从而不断提升企业的管理能力。而要做到平衡管理，制定出系统而科学的管理体系，就需要企业进行深度重构，全面重设符合自身发展、符合时代要求的管理模式，从而打下坚实的组织基础，赢得更加持久的竞争优势。

赋能，而不是管控

AI 时代加速到来，企业里所有可标准化、可量化与可考核的部分都可以被人工智能替代。届时，摆脱了重复性的、毫无创造力的工作的人们，对企业而言还有什么价值呢？

答案是思想和创造力。人具有思维能力与创造力，这一点人工智能超越不了，也替代不了。

因此，面对云谲波诡的商业未来，企业需要激发出员工唯一不会被人工智能替代的部分——创造力，从而使其发挥创造性，助力企业经营发展。

那么，企业该如何激发员工的创造力？是否还能像过去一样，对员工进行命令控制式管理？答案是否定的。

要想有效地激活员工的创造力，企业就必须进行深度重构，重设管理模式，从传统的命令控制式管理走向授权赋能式管理，使员工创造出核心价值，发挥出积极作用，为企业的发展提供助力。

◇ **突破深井,激发活力**

传统的命令控制式管理,在一定阶段内可能发挥过积极作用,使整个企业中规中矩地走上领导者设计好的发展路线。然而时间一长,这种管理模式必然会带来各种弊端,其中最常见的是"深井病"。

什么是"深井病"?

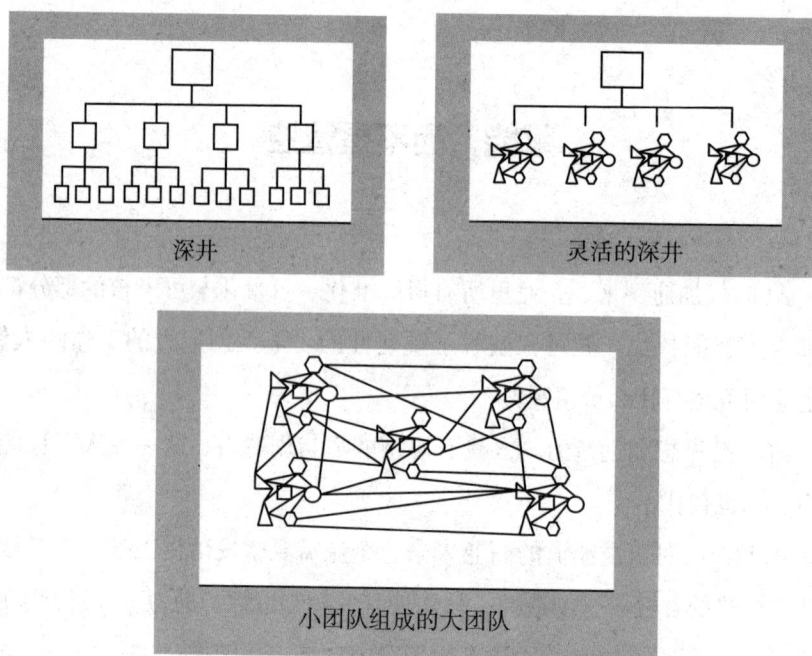

图 5-1　深井模式及其转化

简单地说,就是企业发展壮大之后,不同部门的人好像生活在一个又一个深井里边。处在深井里的人,互相之间不联络,或者根本互不认识、联络非常少,即使见面也只是争相表现、抢夺资源。他们的眼睛都只盯着最顶层的领导者,只有领导者能够指挥这些井里的人。

领导者下了命令，深井里的人便按照命令行事。一旦领导者疏于管理，深井里的人便处于消息闭塞、无所适从的状态。处在这种企业里的员工，只是一些麻木的工作机器，是不会有多少创造力的。

要激活员工的创造力，就要突破深井，提升团队的灵活度。于是出现了一种改进式的深井结构：灵活的深井。然而这种改进治标不治本，这里的下层为团队结构，但是上层仍然保持指挥控制式的结构模式。

想要彻底治愈"深井病"，就要打造一个高度灵活的团队。由灵活的小团队构建起灵活的大团队，组织里的人不必了解其他所有人，只要和其他团队中的某个人取得联系即可。比如采取借调、挂职的方式，只要派出最精英的人才到另一个团队里，就能达到两个团队之间良好的沟通。

如此，打造出一个高度灵活的大团队，企业就能灵活运转，企业的各个部门就不再处于各自的深井中，而能够互相联系、互相沟通，从而激活员工的创造，共谋企业发展。

那么，如何才能把一个患有"深井病"的企业慢慢转化成灵活的大团队呢？

打造团队互信。例如，企业可以实行办公区域开放，打破办公室的阻隔，使办公区域更加可视化、去中心化，摒弃官僚主义与资历主义。如此有利于团队成员放松心态、平等相处，激发员工的活力和创造力。

实行嵌入计划。这个模式类似传统的"借调"方式，在部门里临时"嵌入"一个其他部门的员工，以外来者的身份加入该部门，既可以激发原部门内部的活力，也方便不同部门之间打破壁垒，进行有效沟通。

锻炼员工能力。这要从领导者角度出发，相信企业的员工，避免总是发号施令。适当选择放手，减少指挥欲和控制欲，给予员工一定的自由空间，充分激活员工的创造力。

在此基础上，企业可以逐步突破深井，打破部门之间的壁垒，使企业整体转化成高度灵活的大团队，从而使员工不再只是麻木地"奉命行事"，而能够自主、灵活地进行创造。

✧ 充分授权，提升自主性

员工在企业里需要的不仅是一个岗位，更是一个平台、一个机会，让他能够真正创造价值。因此，摆脱了"深井病"，激发出员工的活力后，领导者还要学会授权。

授权是领导者的决策权下放的过程，也是职责的再分配过程。授权不仅能够延伸、扩展领导者的智慧和能力，还能够为员工提供更多的自主权。

遵循客观规律和原则的授权，需要授权者与被授权者之间保持信息、知识的畅通，并确保受权者得到必要的技术培训。那么，具体应该怎么做呢？

领导者给员工上课。这种上课并不是简单地请外界培训老师给员工讲课，而是领导者亲自给员工上课，传达经营理念、管理心得等。通过这种方式，企业上下能够增进感情，易于达成共识，保持上下一心。

员工分享自己的经验。企业要给那些优秀员工分享经验的机会，他们分享的不仅是对企业的感恩，更重要的是他们成长为一个优秀员工的经历。如此就形成了组织的知识积累，由一个优秀员工的做法变成了全体员工的学习对象。

制定透明的信息系统。一套透明化的信息系统能够促使企业上下同欲、思想一致，促进有效的沟通，从而让授权成为可能。

企业一旦从命令、管控走向授权，就意味着逐渐摆脱了过去僵化的管理，向更加注重人性化的新管理转化。

✧ 全面赋能，凝聚创造力

要把命令控制式管理彻底转化为授权赋能式管理，只是授权还不够，最后也是最重要的一个步骤是——赋能。

嘉御基金创始人、前阿里巴巴电子商务总裁卫哲就提出要为员工赋能。

卫哲说，以前的企业都会要求员工背诵商品知识、记住工作流程，而今天，这些东西都应该通过智能库赋能给员工。同时，效率中有一个很重要的部分叫作"人效"，即每个人能做多少事。放在企业里，就是一个员工能够服务多少客户，一年能够产生多少营业额。而为员工赋能，其本质就是提升员工的人效。

由此可知，赋能就是赋予员工能力，使员工由基础的胜任力转化为持续的创造力。员工的创造力能够凝聚成企业的创造力，进而为企业创造价值。因此，企业需要刷新自己的管理模式，摆脱控制式管理，不断探索为员工赋能的方式。

赋能一般可以从三个方面展开：结构性赋能、领导赋能与心理赋能，其中涉及组织结构、领导方式和员工的自我认知等方面。

结构性赋能强调员工的参与度并向员工分配权力，要求企业构建赋能的组织结构体系。

打造赋能的组织架构，其核心是将小团体的优势发挥到大组织上。具体来说，企业要着力打破森严的层级架构，减少管理层级，促进组织结构的扁平化，同时改变信息的流向，从单向的自下而上和自上而下变为网状方向；下沉决策权力，赋予一线团队相应的调整适应的权力；打造竞争平台，建立企业内部竞争机制，直面市场，把市场压力与经营意识渗透到每一名员工。

领导赋能是从领导者的角度出发，充分发挥领导者在赋能中所起到的引导作用，鼓励员工参与组织的变革。

领导者对员工的影响往往比较直接，因此，授权赋能式管理要求领导者对员工多进行指导，并善于把更多的选择权授予员工。具体而言，领导者要提出激动人心、意义丰富的愿景，激励员工认同并为实现愿景而倾力合作；"因材领导"，根据员工不同的成熟度而实施权变式领导，提高领导行为的有效性；领导者要为员工提供工作上的支持和指导，创造并维系良好的团队工作氛围。

心理赋能则从个体层面强调员工对自身价值、能力、自我决策的心理感知过程，重点是增强员工克服困难、完成任务的自信心。

员工是赋能的客体，同时也是发挥能量的主体。是以，赋能的关键是让员工感受到能量和支持，激发其内心赢得竞争的动力，提高其创新与学习能力。要适当给予员工压力，高绩效、快速成长和果断决策的压力有助于促进员工成长；注重对员工的系统辅导与培训，提高员工专业能力，更大地发挥赋能的价值和作用。

如此，通过激活、授权和赋能，企业可以将传统的管理模式逐步转变为授权赋能式管理。而要进行这样的系统转变，需要企业深刻重构，根据企业自身经营发展状况进行管理模式的重设，为员工赋予能量、提供舞台，激励员工不断学习和创新，充分发挥员工的聪明才智和潜能，助力企业赢得竞争优势。

协同，而不是分工

"各人自扫门前雪，休管他人瓦上霜"常用来形容不多管闲事、明哲
保身的行为。然而，如果这样的现象出现在企业里，部门之间各自为政，
长此以往，企业就很难有长远的发展。相反，如果企业内部能够呈现出协
同现象，那么整体上就会和谐、有活力，各方力量就能够汇聚成欣欣向荣
的气象。

协同管理能够将企业因组织分工而出现的各种壁垒打通，还原企业的
整体性，从而创造持续的收益能力。这需要企业重设管理模式，把割裂开
的组织协同起来，提升管理效率和经营效率。

✧ 协同一致，提升竞争力

著名的木桶原理指的是一只水桶能装多少水取决于它最短的那块木
板。这块短板是这个木桶盛水量的"限制因素"，因此，木桶原理又称"短
板理论"。

木桶原理还有一个演变，也就是木桶的最终储水量，取决于木桶的使

用状态和木板的相互配合。在特定的使用状态下，通过各个木板间的相互配合可以增加一定的储水量。比如有意识地把木桶向长板的方向倾斜，其储水量就比正立时多；还可以将长板截下一段，补到短板处，从而增加储水量。

如果将木桶比作企业竞争力的支持元素，那么储水量就是企业真正的竞争力。单个的木板再长，如果互相不配合，木桶的储水量也不会增加；同样地，如果企业内部没有良好的配合意识，不能产生协同作用，不能做好互相补位与衔接，那么企业的竞争力也不会有所提升。

而要增强企业员工的配合意识，关键在于协同。

协同是指协调两个或两个以上的不同个体或资源，使其协同一致地完成某一目标。

以现代科学的最新成果——系统论、控制论、突变论等为基础，德国物理学家赫尔曼·哈肯创立了协同论，研究不同事物的共同特征及其协同机理。

协同论具有普适性，其使命并不仅是发现自然界中的一般规律，而且还是在无生命自然界与有生命自然界之间架起了一道桥梁。正是由于它的这种普适性，将协同论引入管理领域，必将为管理理论和实践提供新的理论视角与思维模式。

管理系统是一个复杂的开放的系统。协同论指出，系统能否发挥出协同效应，由系统内部各个子系统的协同作用决定，子系统之间协同得好，系统的整体性功能就好。因此，如果管理系统的内部，人、组织与环境等各个子系统内部以及他们之间能够相互协调配合，共同围绕目标、齐心协力地运作，那么就能使系统产生"1+1>2"的协同效应。

协同是现代管理理念发展的必然要求。现代管理面临着复杂多变、无法预测的环境，高新技术的更迭越来越快，产品的生命周期越来越短，消费日益趋向多样化与个性化，市场环境变化和生活质量的提高，对企业的生产与服务提出了更高的要求。在此背景下，企业要生存和发展，就要协同好内部各子系统之间的关系，并且协同一切可以协同的力量来弥补自身的不足，增强企业竞争优势。

✧ 协调运作，增强战斗力

把协同引入企业管理，使企业走向协同管理，是提升企业管理水平的有效方式。

协同管理需要将局部力量进行合理地排列、组合，以更好地完成某项工作。它要求对企业内部各个子系统进行时间、空间与功能结构的重组，从而产生一种"竞争—合作—协调"的能力，其效应将远远大于各个子系统之和产生的时间、空间与功能结构。

协同管理有三大思想作为其理念基础，分别为"信息网状思想""业务关联思想"与"随需而应思想"。倘若运用得当，可以帮助企业解决"信息孤岛""应用孤岛"与"资源孤岛"三大难题，实现信息协同、业务协同与资源协同，充分发挥企业的战斗力。

1. 信息网状思想。

管理的一个重要方面就是了解真实的全局的信息，协同管理无疑提供了这样的可能性。企业中的各种信息都是互相关联的，如果它们被封存在不同的数据库中，领导者就只能得到简单化的报告单而无从获得更多的信息以支持决策。协同管理则能够将各种分散的、不规则的信息整合成一张"信息网"，每个信息节点之间依靠某种或某几种业务逻辑关系互相关联，管理者可以完全突破信息孤岛的困扰，轻松自如地穿梭在这张信息网中并获取自己关心的信息。

2. 业务关联思想。

从表面上看，企业的业务被分为各个环节并归属于某个人员或部门负责，而事实上，这些环节有着千丝万缕的联系，它们都要为企业的共同目标而服务。倘若只关注某个或某些业务环节，就会导致无法对其他业务环节进行统筹管理。协同管理则要求对这些环节进行充分整合并统一管理，对相关的信息及时更新，从而实现业务和业务之间的平滑链接。

3. 随需而应思想。

企业的各项资源，包括人、财、信息和流程等组成了企业运作的基本要素。协同管理通过网状信息和关联业务的协同环境将它们紧密联系在一起，更重要的是将这些资源随着企业的某个目标或某个项目灵活地组织起来并进行协作，使其为这个目标或项目"各司其能"并发挥最大的价值。换言之，协同管理能够使各项资源随企业的需要而及时响应并突破各种障碍实现一致性协作，从而保证目标的达成。

总而言之，协同管理的本质就是打破各种资源之间的壁垒与边界，使其为共同的目标而进行协调运作，通过对各种资源进行最大限度地开发和利用，使企业赢得高质量发展。

◇ 协同管理，构建整体协同性

由分工走向协同，可以说是企业管理的必然选择。一些企业与相关专家针对协同管理领域的研究也在不断深入，北京致远互联软件股份有限公司（以下简称"致远互联"）于此方面的探索和实践就颇有值得借鉴之处。

自成立以来，致远互联始终专注于协同管理软件领域，形成了从工作协同到业务协同、从组织内协同到组织间协同再到社会化协同的完整产品线及解决方案，并曾获得"2017—2018中国协同管理软件市场占有率第一"荣誉，这也是致远互联连续第13年获此殊荣。

为了更加深入地探索和研究协同管理，致远互联与国内著名商学院——北大光华管理学院及北京大学国家发展研究院达成了战略合作，通过理论与实践的深度融合，形成了更为完善的协同管理理论、应用、数据模型与标准。这些重要的基础研究将成为协同管理领域的重要发展支撑。

协同在企业管理中的价值越来越突出，企业管理也因协同而越来越高效。那么，企业该如何进行具体协同，从而带动管理走向升级？致远互联的探索与研究给我们提供了理论基础。

战略协同。企业管理者由于从业经验丰富，各有所长，难免会固守自己的工作习惯。然而，如果管理团队的成员都坚持自己的工作方式，不愿妥协，将会大大降低团队的沟通协同效率。因此，企业要关注组织的战略方向、价值观定位等方面的协同，提升企业战略层面的协同契合度，以增强企业竞争力。

业务协同。一般情况下，一线员工更关注短期的行为性激励与可见的短期利益，与领导者的战略性价值观存在一定差异。这就需要通过协同管理来优化组织成员的结构性资源与能力，实现业务的有效协作和信息共享，从而推动组织的整体协同度不断提升，促进组织整体效率不断提高，达到合众人之力成就整体伟业的目标。

管理协同。企业传统的多层级管理与组织分工，在一定程度上提升了管理效率，但客观上，线性信息传递与企业决策结构也造成企业内部信息传递的层级衰减，使决策层、管理层与执行层之间形成了"隔热层"。因此，企业要通过数据与技术手段来驱动决策与执行的高协同度，努力保持决策层和执行层的信息同步与对称。

正是因为协同可以在很大程度上提升企业管理的效率，企业应该从管理运行逻辑、协作体系等方面彻底重构，转换企业的管理方向，从分工转向协同，跟上协同管理的时代，让协同管理成为企业管理的中枢，打通因分工而阻塞的信息通道，构建整体协同性，助力企业创造更加持久的盈利能力。

激励，而不是考核

作为社会的活力细胞，企业的经营发展与国民经济息息相关。而人力资源是企业的第一资源，其素质与能力直接影响着企业的可持续发展。

在这个意义上，人力资源管理就显得尤为重要。正所谓"得人才者得天下，善激励者得人心"，激励是领导者的重要能力，更是人力资源管理的重要核心。激励是否恰当、得法，直接关系到企业的人力资源使用效果。

随着数据时代的到来，企业间的竞争日趋激烈，企业的员工更加重视工作的意义与成就感，希望从事具有挑战性和竞争性的工作，以使自己得到晋升与嘉奖。在此背景下，激励在企业管理中的地位更加举足轻重。

因此，企业需要深度重设自己的管理模式，设计出合理的激励体系，引导员工尽最大的努力去工作，提高工作效率，从而达到效益最大化。

◇ 遵循激励原则，激发员工潜能

激励能够营造一种舒适温馨的工作氛围，有利于员工之间开展良性竞争，通过互相鼓励提高工作效益，也有利于创造良好的人际关系和充满激情的工作环境。

此外，激励也是领导者必备的能力。美国管理学家哈罗德·孔茨、国际管理和行为科学教授海因茨·韦里克，两位专家将构成领导者的要素综合概括为四种能力：有效地、负责地运用权力的能力；了解人们在不同时间和情景下的激励因素的能力；鼓舞人们的能力；创造某种方式来形成一种有利气氛，以此引起激励并使人们有所响应的能力。这四种能力中，与激励相关的占了三种，可见激励对于领导者的重要性。

从职能定义上来说，领导就是影响人们为组织的共同目标做出贡献的人，这实际上是一种影响力。成功的企业领导者能够艺术性地影响员工，使其心甘情愿地、满怀热情地为实现企业的经营目标而努力奋斗。在这个意义上，领导者的这种影响力就是激励。

那么，领导者该如何发挥这种影响力，从而艺术性地影响员工、激励员工？在激励的过程中，是否要遵守一定的原则呢？

答案是肯定的。在制定和实施员工激励机制时，领导者必须遵循一定原则，才能提升激励效果，使员工保持高昂情绪与持续的积极状态。

目标结合原则。设置目标是一个十分重要的环节。目标一致是激励的基础，目标的设置必须同时体现企业愿景与员工需求。

合理性原则。对员工的激励要控制在合理、适度的范围内，比如激励措施要适度，要根据完成目标的价值大小来确定适当的激励量；奖惩标准要公平公正。

引导性原则。外部的激励措施永远是被动的，只有将其转化为被激励者的自觉意愿，才算真正达到激励的目的。

按需激励原则。激励的出发点是满足员工的需求，然而员工的需求因人而异、因时而异，只有满足员工最迫切需求的激励措施，才能取得好的激励效果。因此，领导者必须深入地调查研究，不断了解员工需求层次与结构的变化，从而有针对性地采取激励措施。

物质激励与精神激励相结合原则。一般而言，物质激励是基础，而精神激励才是根本目的。企业对员工的激励，要在两者相结合的基础上，逐渐过渡到以精神激励为主。

正激励与负激励相结合原则。企业不仅要对员工进行正向激励，必要时，对员工违背企业目的的非期望行为也要进行惩罚。正负激励都是必要且有效的，它们不仅会作用于当事人，还会间接地影响周围其他员工。

遵循以上的激励原则，能够有效地发挥激励作用，激发员工的需求和工作动力。无论何时，人永远是企业的主体，脱离了人的活动，企业的经营发展就无法进行。而无论任何人，一旦进入一个企业，他的利益甚至命运就已经同整个企业的利益与命运联系在一起。

因此，企业必须充分调动员工的积极性，按照一定原则去激励员工焕发工作热情，积极进取、主动工作，最大限度地发挥潜能，使企业保持活力与创造力，拥有其他企业无法复制的竞争优势，从而在员工和企业之间构建起强大的利益与命运共同体，实现员工与企业的双赢。

◇ 建立激励机制，调动员工热情

激励能够开发员工的潜能。但这种开发不同于自然资源或资本资源的开发，无法精准地预测、计划与控制。激励过程属于人的心理活动过程，无法直观感知和直接控制，其效果只能通过相关行为表现来判断。

从激励的对象来看，人的潜力并不是无限的，领导者对员工的激励要讲究适度，不能超过人的生理和能力的限度；人的需要是有差异的，激励的方式要因人而异。同时，企业不同阶段、不同时期的目标是有所不同的，因此，对员工采取的激励措施也要因时而异。关于这一方面，可以借鉴一些知名企业的做法。

相比口头表扬，苏宁董事长张近东更相信"看得见，摸得着"的激励措施，并曾提出要"让苏宁的各项激励政策产生价值，实现企业和员工的双赢"。

2014年，张近东拿出1000万元设立了"互联网创新基金"，奖励那些创意推进互联网项目的员工；2016年，张近东将两台特斯拉"送给创新的勇士们"；2018年5月，张近东提出第三期员工持股计划，将总价值10亿元的股票，半价出售给1600余名苏宁员工。这些丰厚的激励计划，推动着苏宁的业绩一路飘红。

作为国内空调业的前三强之一，奥克斯也十分重视生产力中最基本、最重要的因素——人才，还将"培养优秀人才"写进了企业使命。奥克斯通过"三大人才武器""1亿传承奖""晋升标准""潜质模型"等一系列规范措施，激励人才快速成长。在这样的环境下，奥克斯集团人均收入提升连续3年超过8%，2018年甚至达到11%。奥克斯连续多年位列中国企业500强，这些人才激励措施功不可没。

海尔的员工激励则显得比较细心。海尔集团一向长于设立奖项和命名，类似"海尔希望奖""职工合理化建议奖"等奖项有很多，还有以员工姓名命名的小型发明，这些激励措施使得每个员工都能够感受到自身的存在价值。

另外，海尔还十分注重设奖有度，把激励设置在被激励对象既需要又可得的恰切之处，力求最大限度地满足每一个员工的合理需求。奖励公开、按时授奖、少罚多奖等，都是海尔一直在坚持的奖励原则。如今，海尔的员工奖励机制已成为很多企业借鉴、模仿的对象。

灵活多样、变幻有度的激励措施的确能够鼓舞员工的精神，激励员工为企业的发展贡献才智。那么，企业该从哪些方面入手，建立合理有效的激励机制呢？

1. **目标激励**。人的大部分行为都由某种动机引起，并指向一定目标。领导者设置适当的目标，可以有效地诱发和激励员工的行为，调动起员工的积极性。同时，制定目标要具体而清晰，要把握好长期目标与短期任务之间的平衡，还要注意遵循目标结合原则。

2. **尊重激励**。尊重是最人性化、最有效的激励手段之一。尊重、重视员工，其激励效果将比其他物质激励更加持久、有效。它要求领导者放下"官架子"，懂得尊重员工的兴趣与个人爱好，尤其在责难员工时要给员工留点面子。

3. **沟通激励**。领导者与员工保持良好的关系，对于调动员工的热情，激励员工为企业积极热情地工作有着特别的作用。而建立这种良好关系的前提，同时也是最重要的一点，就是有效的沟通。企业要建立完善的内部沟通机制，消除上下级之间、部门之间及员工之间的沟通障碍，确保信息共享。

4. **宽容激励**。宽容是一种管理艺术，也是激励员工的有效方式之一。领导者的宽容品质不仅能使员工感到亲切和温暖，更能调动员工积极性，激励员工自省、自律、自强，让员工在感动之中心甘情愿地为企业的发展拼搏奉献。

5. **竞争激励**。企业内部的良性竞争机制，是一种积极健康的引导和激励。领导者可以利用员工争强好胜的心理，充分调动员工的主动性、创造性与争先创优意识，从而全面提高组织活力。但是，要注意引导良性的、向上的竞争，避免出现恶性竞争。

激励能够创造出使员工保持良好心情的工作环境。在这样的环境下，员工能够感受到企业的关怀和温暖，从而能保持工作热情与积极向上的精神风貌，真正地发挥出才能。企业要在组织系统中建立有效的激励机制，就要进行深刻重构，实施管理转型，抛开传统的考核机制，以更加高效的激励措施来推动被激励员工积极工作，更重要的是让这种激励对其他人乃至全体员工产生积极影响。

第六章
重修　战略的升级与创新

　　这是巨变涌动的尖峰时刻。市场中一个谁也不愿意承认的事实正逐渐浮出水面：今天在市场的舞台上表演的企业可能随时都会随风而逝。在这样的时刻，企业想要存活，就需要进行内部重构、战略升级与创新。企业要以战略升级助推企业前进，以战略创新描绘企业蓝图。

　　战略的升级与创新需要企业学会深度分析，重修发展策略。对行业、消费者和竞争对手采取不同的战略，在重修中建立自己的竞争优势，企业方能成为市场中永不退场的角色。

别具一格化战略

　　企业在发展过程中会形成自身的经营战略。在重构时代，企业占据市场的关键举措之一便是勇于重构经营之道。企业要学会内视，检测自身的经营之道，一旦发现自身经营不符合市场现行规律，便要及时刷新经营战略，重构打法。刷新经营战略意味着企业要制定出新颖的、可助推企业前进的攻略，而别具一格化战略是重构经营战略的关键一步。

　　别具一格化战略又称差异化战略，其主要特征是创造独特的产品和服务，这种差异化可以在消费者心中形成明显的对比性，以独特、新鲜感来吸引消费者眼球，从而实现用户黏着，培养用户对品牌的忠诚，从而获得竞争优势。

◇ 赢在"格格不入"

　　不知不觉间，人们发现自己在衣食住行等方面正在被趋同化包围，网上购物有淘宝、拼多多，网上订餐有美团、饿了么。行业的趋同让人们深深陷入了"选择恐惧症"之中，而企业之间也陷入了竞争僵硬化。要想打破这一僵局，差异化战略是一记重锤。

对于企业而言，差异化战略是其在行业百花齐放之下脱颖而出的信条，而实现差异化战略有多种形式。例如，奔驰在品牌形象设计上的差异使其在汽车业中声誉卓著，戴森在外观设计上的差异使其在电器领域中颇受青睐。一旦企业成功实施差异化战略，在面对市场份额与替代品威胁之际，也会处于优势地位。

因此，创建差异化优势是企业建立核心竞争力的必然选择，也是企业在个性化日益凸显的时代，遵循适者生存法则的举动。在被趋同化包围之际，越来越多的企业选择了以差异化战略拼出一条生路。

湖南长沙是长江经济带上重要的节点城市。即便在深夜，这座城市也依然灯火通明，大街上依然有很多年轻人在忙碌，很多有生意头脑的人发现了从午夜到凌晨四点这个消费的黄金时段。新佳宜便利店就是在这样的环境中，以别具一格的经营之法，在长沙众多的便利店中脱颖而出。"在长沙，甚至可以有反着做生意的便利店。"新佳宜便利店创始人兼 CEO 伍敏谊说，"它们一般早上很晚才开门，但是晚上开通宵。"

伍敏谊大学毕业后，便在长沙一处回迁居民聚集的小区开了一家不起眼的小店。从开业起，这家小店就鹤立鸡群，坚持 24 小时经营。在当时，社区小商店有不少，但是 24 小时营业的小商店却没有一家。因此，伍敏谊的做法在他人看来异常"另类"。很快伍敏谊的小店引起了隔壁商店大爷的注意，大爷问伍敏谊一天可以卖多少钱？伍敏谊说："一天两千多。"大爷一脸的不信，觉得伍敏谊在诓骗他。而实际上，伍敏谊那间不起眼的小店，在第二年平均销售额就达到了日均一万元以上。

坚持 24 小时营业是伍敏谊进行差异化经营战略的第一步，也是标志性的一步。因为这一步重构了今后整个长沙便利店市场的格局，24 小时营业便利店在长沙不断崛起。

伍敏谊表示，所谓便利店，自然是提供便利，因此，他对新佳宜的定位是"平民型"便利店。这家小店没有关东煮之类在其他便利店常见的拳头产品，也没有日系便利店中常见的饭团、寿司，取而代之的是长沙本地人最喜爱的米粉、荠菜煮鸡蛋、糖糍粑等。有一年的元宵节，新佳宜推出甜酒煮汤圆，只卖三天，结果一个门店只上午半天就卖光了 100 份。

打造本地特色便利店是新佳宜进行差异化经营战略的第二步。新佳宜构建的首要功能便是紧贴长沙本地人日常生活的高频需求。伍敏谊避开了众多便利店共同的特点，专注打造新佳宜的"本地化""平民化"。也正是这种"格格不入"式的打法，让新佳宜在一波又一波的冲击下，依然屹立不倒。

伍敏谊在创业早期初步摸到门道后，就开始扩大规模，占领市场。然而，在店铺扩张上，伍敏谊也和很多同行不同。伍敏谊在第一家新佳宜便利店成立的第二年，便又同时开出六家直营店。与同行不同的是，在市场占领策略上，伍敏谊并没有继续自己开店，而是率先对自己店内的员工开放加盟，让员工自己当老板。之后，伍敏谊才对市场开放了加盟。这样的策略让新佳宜在长沙遍地开花，2018 年中国连锁经营协会公布了《中国便利店 Top70 排行榜》，新佳宜以 1100 多家门店的规模名列第 16 位，不仅是长沙第一，更是湖南第一。

以加盟战略实现快速扩张是伍敏谊进行差异化经营战略的第三步。从 2007 年到 2018 年，11 年的时间，新佳宜在长沙完成了 1100 多家门店的布局，被称为"湖南便利店之王"。

新佳宜便利店分布在长沙这座城市的各个角落，在社区商圈、学校、医院、写字楼等地的周围都可以看到新佳宜的影子。但与其他讲究统一化的连锁便利店不同，新佳宜更注重个性化经营。新佳宜会根据其所在地区的环境，在店铺风格、商品种类方面进行调整。例如，在医院周围的门店，便会增加洗护用品。

风格差异化是伍敏谊进行差异化经营战略的第四步。新佳宜依据地理环境的差异从而进行差异化经营,这样的做法相对于其他"格式化"便利店而言,多了一丝灵活性和与众不同。

从1到1000,差异化经营战略的打法让新佳宜在低调前行中创造了中国便利店"草根逆袭"的神话,伍敏谊以"格格不入"的形式赢得了湖南便利店的市场。

◇ 经营之道,差异攻略

在如今的市场环境下,创新、个性、定制已经成为企业满足消费者特殊需求、提升企业竞争力的一个手段,走差异化市场路线可以减轻企业的竞争与经营压力。企业以差异化攻略实现经营之道,便要注意避免"换汤不换药"的尴尬行为,以产品的功能性、服务品质超越同行业的其他竞争对手,才是差异化战略的根本核心。

2018年11月20日,近20家金立供应商向深圳中院提交对金立进行破产重整申请。金立成立于2002年,可以说是一家"老公司",但其手机销量却一直没有起色,究其原因便是其在经营战略上并没有形成差异化,进而没有形成市场竞争优势。2014年在华为Mate7成为年度爆款手机后,金立便跟随华为手机路线,主打商务机。当OPPO推出闪充、小米推出全面屏后,金立手机的差异化战略却仅仅是对电池容量进行了优化。缺乏突破性技术创新是金立致命硬伤,它的只跟随、无突破行为,让其在差异化战略日益凸显的市场中无法立足。

金立的结局可以说给众多企业敲响了警钟,尤其对于中小企业而言,在"英雄辈出"的时代,稍微不注意便会被取代。因此,中小企业塑造特色品牌,以差异化战略进攻市场之际,要注重突破性创新,而不是跟随性创新。

　　差异化战略是企业竞争的一种有效手段，在消费趋势日渐个性化的今天，与同行业形成差异经营，通过与众不同的特色来吸引消费者才是正确的经营之道。在瞬息变幻的市场大环境中，企业需要以变应变，以差异化经营战略进入空隙市场，才有与世竞争的能力。

适应新常态战略

用户的行为在改变，需求在升级，多重困境考验着企业，企业经营的复杂程度是以往任何时代都难以比拟的。未来能够生存的企业，可能不是最强大和最聪明的企业，而是能适应时代潮流的企业。新常态下的企业经营者，应当从一个冷静客观的视角去思量如何拥抱变化，适应新常态，应需而动。

◇ 拥抱变化，适应时代

在参赛选手林立的商业赛道上，时代潮流的变化正如赛道上高高的跨栏。要想先人一步到达终点，只凭跑得快是不行的，还要有能力跨越一道道障碍物。

企业身处快速变化的市场环境，根据环境变化不断做出战略决策上的调整与优化，正是企业保持生机与活力的显性表现。时代潮流赋予的环境趋势是强大的，你的竞争对手也许很强大，但并非决定性因素。输给对手，仅仅是一时的决策失误，但是输给时代，就是彻底的失败。

在如今的大数据时代，现代人每天接收的资讯量是 20 世纪 50 年代人群的一万倍。知识每两年翻一番，每三年就老化一次。信息的快速变革直接影响了经济环境的变化，传统的商业规则已经被颠覆，经营模式和管理模式正在以所有人瞠目结舌的速度快速进化着，过去容易满足的顾客如今也变得像猫一样：懒、聪明、挑剔且理智。

企业已不再是占据主导地位的一方，企业必须机警地探测周围环境的变化，快速做出决断，在被市场和顾客抛弃之前，快速改变经营策略，以换取市场和顾客在现在以及未来一段时间的欢心。

经济环境的变化是快速的，但是并非不可捉摸。有无法适应时代变化落寞退场的企业，也有顺势而为、快速成长的成功企业。研究那些成功企业的成长路线，就会发现他们其实都遵循着适应循环模式。

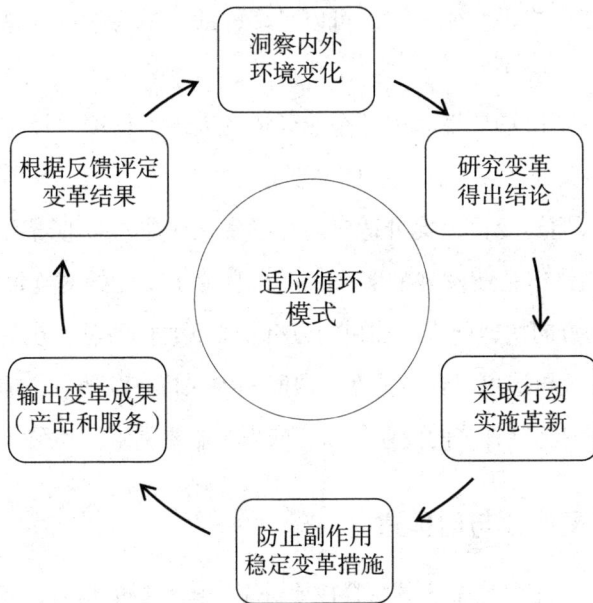

图 5-1　适应循环模式

在适应循环模式中，企业的适应力提升分为六个部分：

1. 洞察内外部环境变化。为了避免企业因无法察觉环境中的变化而做出错误的判断，企业应时刻保持高度的市场敏锐性，可以运用市场调查、消费心理学、民意调查等方法进行环境调查。

2. 研究变革，得出确切结论。通过深入调查后，得出结论并确定后续调整方向，并使之成为企业上下的共识。

3. 采取行动，实施革新。了解变化不等于做出改变，要在企业内外部做出实际的变革，这也是最为关键的一个步骤。

4. 防止副作用，稳定变革措施。在企业为适应环境做出的改变中，不能忽视变革对企业现有经营策略和有关员工的影响，否则就会遭遇各种各样的阻力，使变革无法顺利实行。

5. 输出变革成果。变革成果可以是多样的，最为常见的是产品和服务的改变。

6. 根据外部市场环境和内部企业环境的表现，反馈并评定此次改变的结果，并及时关注有无再次完善的必要。

企业必须拥抱变化，提升适应能力。变化并非对企业现有舒适区的威胁，若把变化看作企业发展的障碍，把自身置于变化的对立面，就等于企业朝着错误的方向快速前进，加快的只有企业死亡的进程。也许过去修补式的创新或者系统再造可以让企业在一段时间内保持有利地位，但是如今的时代已经不容许缝缝补补式的商业创新，未来企业要重生，必须深刻重构。

◇ 深度重构，与时俱进

2019 年，日本茑屋书店频频释放要进军中国市场的信号，有"世界最美书店"和"世界最挣钱书店"之称的茑屋书店，正在吸引越来越多的关注。

其实，书店美不美先不提，大家心里都清楚，现在的实体书店还有几家挣钱的？

如今全球范围内的书店市场规模，正在以每年数千家的关店数萎缩着，这不仅仅是在中国，在日本这样的发达国家也是一样的萧条景象。

难道消费者不再需要书店了吗？

奇怪的是，在一项面对普通民众的民意调查中，民众对于城市设施的心理需求排名中，第一名是咖啡馆，第二名就是书店。看来，即使消费者的购书需求在一定程度上被互联网电商分散了，但是对于实体书店的需求，也还是很可观的。

茑屋书店在日本经济黄金时代末期开始发展，挺过了泡沫经济的大萧条时期。过去的十年中，还在实体书店萎靡、互联网电商强势冲击的背景下，逆势增长为日本最大的连锁书店，拥有 1400 多家实体店铺。

时代一波又一波汹涌的浪潮扑面而来，茑屋书店非但没有被巨浪击垮，反而借势而起，成为亚洲最具影响力的书店之一。茑屋书店成功的背后，其实是企业不断践行重构理念和变革思维的结果。

路径 1："书店应该是一个生活方式提案场所。"

早在茑屋书店成立之初，创始人增田宗昭就没有局限于"书架＋书本"的单一理念。拥有敏锐商业嗅觉的他，已经意识到在经济发展较为成熟的日本社会，顾客的需求正在快速升级，这将是改变现有商业环境的关键因素。因此，茑屋书店开创了录像带、唱片和图书三位一体的综合模式。而为"书店应该是一个生活方式提案场所"提供战略思维支持的，正是创始人增田宗昭始终坚持并践行的"CCC 战略"。

文化
Culture
　＋　
便利
Convenience
　＋　
俱乐部
Club

图 5-2　CCC 公司创始人增田宗昭提出的"CCC 战略"

路径2：产品需要体现某种生活方式。

消费者需要书店，但是许多书店难以逃出盈利困境。在这种矛盾下，需要企业主动做出改变，变革固有的经营模式，重构现有商业模式。

在一般书店中，店员只需分门别类摆放整齐。这种经营方式看似没有问题，实际上恰恰将书店经营的主动权拱手让给复杂需求的顾客。当顾客在书店无法快速准确地找到自己需要的商品时，又一个顾客悄悄溜走了。

被动式经营书店很显然不适用于现在的市场环境。在每一个茑屋书店里，都会为顾客提供全方位的服务和建议。同时，尽力抹去价格、标签和收银台这样带有明显门店商业属性的设施，给顾客最大化的购物享受。

路径3：用户数据就是生命。

在数字化和大数据普及以前，零售业的用户数据难以搜集，但是即使这样，每一家零售企业都会不厌其烦地要求员工手动记录用户消费偏好，形成宝贵的用户数据，用以指导企业未来的经营战略。在大数据普及的今天，海量且细分的用户数据可以为茑屋书店提供更为精准的用户画像，在用户动态需求的反馈上也更为迅速，逐渐创造出更加完善的消费场景。

路径4：什么样的城市，就开什么样的书店。

茑屋书店1400多家书店遍布并不是简单粗暴的粘贴复制，而是细细品味城市特色，体现书店之间定位、设计和功能的差异。例如，东京的茑屋书店年轻受众居多，总体呈现风格就是开放、新潮和充满活力；如果在老年人为主的社区，则更注重服务设施与内敛设计的融合。正是这些千变万化的书店，成功地拨动了当地顾客的心弦。

路径5：企业都注定走向设计。

设计其实是一种视觉化能力，企业迫切需要设计感以在万千竞争者中脱颖而出。

企业在满足消费者商品需求方面积累财务资产，而满足消费者更高层次的心理需求，则成为了企业更为重要的知识资产。不仅仅是致力于企业的不可复制性和不可取代性，这也是时代潮流的总体趋势。

很显然，被誉为"世界最美书店"的茑屋书店，打破了过去模式化的书架和堆砌书籍的陈列形式。无论是在商品陈列、店铺设计还是整体设计诉求上，茑屋书店都是经过精心设计的。茑屋书店融合了咖啡、餐饮、文体等多种商业元素，如何将这些元素和谐统一地融合在每一个书店里就需要极强的设计感。

一个重视"体验感"、融合多种商业元素书店，一个在产品与服务不断调整精进的书店，一个始终关注顾客价值、给予顾客期待以上消费体验的书店，一个始终与时俱进、调整经营战略的书店，就是茑屋书店。

总之，茑屋书店之所以可以拿来借鉴，是因为中国的下沉市场与经历消费升级和消费降级的日本市场有诸多共通之处，最重要的是，茑屋书店的经营模式不是剑走偏锋的"险招"，而是经历深度重构后，提升核心竞争力的稳步经营，这对于我国实体经济的主力军——中小企业，有着诸多借鉴意义。

任何企业的崛起都是顺应时代变化的结果，大转型的中国，为中国经济的未来带来更多的未知。身处其中的企业，更要敢于承认自己的局限，不断寻求改变，学会适应经济新常态，通过战略布局调整，赢得一个高质量发展的未来。

市场挑战者战略

巨变的市场，一切商业要素在不断发展、变革、重构。从市场到行业再到企业，任何一方的改变都会影响其他两者。而在变与不变中，企业需要发展，需要机遇。一个企业若只是原地踏步，那么它最终难逃失败。对企业来说，想要在市场中实现长期盈利，支撑企业长期发展，就不能满足于现有成就，要学会重构战略，主动出击。

◇ 主动出击，站高一线

当进入成长期，在市场中也具有一定的发展基础之后，很多企业都会不满于现有市场和地位，想要追求利益最大化。在利益的驱动下，这些企业会通过主动出击来抢占市场份额。

在同一个市场中，行业领先者同样在追求利益最大化。为了实现这一目标，行业领先者会采取相应的策略不断扩大市场份额。他们往往会先发制人，依靠其产品和品牌等优势，蚕食其他企业的市场份额。若在这时，其他企业无动于衷，最终只能被吞噬。因此，当其他企业面对这一情况时，往往会选择成为市场挑战者，主动进攻。

简而言之，市场挑战者是那些为了生存、增加市场份额、提高行业地位而主动出击的企业。当企业成为市场挑战者之后，就要进行进攻性战略。但在进攻之前，挑战者要找到自己的竞争对象。

那么对于挑战者来说，哪些企业才是他们的挑战对手呢？

一是行业领先者。对市场挑战者来说，这是极具价值的挑战目标。一旦挑战成功，那么挑战者就可以在行业中名声大噪。二是同规模者。挑战者需要抓住有利时机，对同规模且实力相对薄弱的企业主动进攻，将这些企业的用户吸引过来，占领他们的市场份额。

当企业确定挑战对象之后，就要选择采用进攻策略。立足于挑战者角度，其进攻战略大致可以分为三个部分。

1. 市场挑战者的正面进攻战略。

正面进攻是挑战者集中全力对挑战对象最具实力的环节进攻，挑战者可以在产品、性能、价格等主要方面进行进攻。

比如，在价格战中，挑战者可以通过有效的材料购买、省时省力的生产设备和降低人工成本等途径获得价格优势。此外，价格折扣营销战略是挑战者可以在短时间内快速赢得胜利的战略之一。但是挑战者需要注意的是，在进行价格折扣的时候，必须让消费者觉得该企业的产品质量与服务足以和挑战对手的产品相媲美。

2. 市场挑战者的侧翼进攻战略。

侧翼进攻是一种出奇制胜的战略。如果挑战者的对手是行业领先者，那么就需要从竞争对手的侧翼或后方入手，这些地方往往有着它的弱点和缺口。挑战者可以通过对竞争对手弱点的分析，细分市场的划分，寻找市场空白点，满足用户需求，以此来扩大市场份额。

挑战者可以将产品创新战略作为有利的侧翼进攻方式。通过对竞争对手现有产品的了解，结合市场和消费者需求，生产新产品，以此来吸引用户的注意力。

3. 市场挑战者的迂回进攻战略。

迂回进攻是挑战者完全避开竞争对象现有的市场阵地，通过实行多产品战略，发展与现有产品具备不同关联度的产品。并通过市场多角化经营，将现有产品流通到新市场中。

挑战者想要实现多产品战略就需要对品牌进行升级和扩充。品牌升级是企业在不同阶段根据市场和消费者的需求变化而进行的品牌价值提升。品牌扩充则是挑战者为降低其他企业新产品流入市场对自身造成损失所采用的策略。挑战者研发与品牌核心内涵相符的新产品，借助既有品牌的力量打入市场，这可以在很大程度上提升消费者的接受程度。比如云南白药从药品到牙膏的扩充、小米从手机到智能家居的扩充，后者的成功在很大程度上都要归功于品牌的力量。

在重构时代，想要成为市场的新秀，成在行业中首屈一指的企业，企业就要学会积攒实力、厚积薄发，占据主动地位，获得竞争优势，重新定位自己在市场中的地位，实现战略升级与创新。

✧ 执行战略，事半功倍

《2017–2021 年中国咖啡行业投资分析及前景预测报告》指出，中国的咖啡消费量每年增长幅度在 15% ~ 20%。而从全球市场上来看，平均咖啡消费增速只有 2%。

星巴克作为我国咖啡行业的领先者，无数企业都曾对其发起过挑战，但却并无一人成功，星巴克的霸主地位从未被撼动。但是，瑞幸咖啡有限公司（以下简称"瑞幸"）的出现，让原本有恃无恐的星巴克感到了一丝恐慌。

那么，瑞幸作为成立仅两年的企业，有什么样的底气敢和星巴克对垒呢？

战略 1：实体店的价格优势。

星巴克虽占据国内咖啡市场首位，但依然有很多人从未进店消费过，究其原因，无非是每杯 30 ~ 40 元的高价。而瑞幸作为星巴克的挑战者，采用了正面战略中的价格战。瑞幸将每杯咖啡的价格控制在 20 ~ 30 元之间。为了凭借价格吸引更多消费者，瑞幸还推出新人注册首杯免费，冲 2 赠 1，赠送 4.8 折、5 折优惠券等一系列优惠活动。事实证明，瑞幸的价格战的确为它吸引了众多消费者。

战略 2：外卖中的价格比拼。

2018 年 7 月，星巴克选择与饿了么合作，正式上线外送服务。当时其过高的价格并没有受到消费者的青睐。而瑞幸此时为了抢占星巴克的销量，随后携手美团，并推出一系列的外卖优惠活动。外卖配送再加上价格优惠，让瑞幸的目标用户成功实现裂变式增长。瑞幸的招股说明书中披露，2018 年第四季度是瑞幸用户增长最快的时期之一，用户得到了环比倍数的增长率。而用户量的增长成为瑞幸对垒星巴克的有利武器。

战略 3：门店销量的对垒。

星巴克进入国内市场以来，共开设门店 3100 家左右。而为了抢占星巴克的市场份额，瑞幸在成立仅一年半的时间内，已在全国开设 2370 家门店。相关数据显示，瑞幸 2019 年第一季度总净营收为 4.785 亿元人民币，高于 2018 年同期的 1295 万元。而星巴克在推出外卖服务之后，销售仍未见起色。

瑞幸之所以有足够的底气去挑战星巴克，是因为它懂得在正面进攻中采用什么样的战略，并依靠自身优势打压对手。

瑞幸从成立到跻身独角兽行业仅用了半年时间，从成立到递交赴美上市招股书仅用了一年半时间。在资本寒冬中，瑞幸就像一只鲶鱼，改变了咖啡市场的格局。企业想要重现瑞幸"现象级速度"，就要勇于挑战、主动出击。

这是一个主动出击的时代，也是一个险中求胜的时代。百年企业与后起之秀，往往存在着诸多可能，是成功还是失败，无人可知结果。但是可以确定的是，当主动出击、重构战略时，后起之秀才能把握胜利的机会，成为下一个奇迹。

市场补充者战略

这是一个日新月异的时代，市场发展趋势不断变换。在新经济环境下，无数企业从崛起到淘汰，从弱势到强势。处于这样的大背景下，那些屹立不倒的大企业令人心生敬仰，那些后起之秀更让人难以望其项背。但除了这些企业，那些犹如星星之火，始终未曾被扑灭的中小企业一样值得深究。

✧ 夹缝中生存，拾遗补缺

那些始终存活在市场，并实现持续盈利的中小企业自有他们独特的生存法则。为了避免同大企业正面交锋，他们会选择市场中那些大企业不感兴趣或者无意发展，同时也可供企业获利和发展的细小市场作为自己的发展方向。这些细小市场风险相对较小，成功率较高。

这种在大企业的夹缝中生存，却位于相对有利的市场地位的企业，通过对细小部分的专业化经营实现最大限度收益的企业便是市场补充者。

市场补充者虽然在市场中所占份额很少，但它具有充分了解和满足细小市场的优势，并能通过为消费者提供高附加值而实现高利润。

但市场补充者需要注意，一个真正可以让企业实现盈利并生存下去的细小市场具备四个特征：具有足够的市场潜力和购买力；利润有稳步上升的潜能；对行业竞争者没有过强的吸引力；企业具有占领该市场的发展力。

那么，市场补充者又该如何选择正确的竞争战略，并找到适合自己的细小市场呢？这便需要市场补充者以实现专业化为前提。

1.实现最终消费者专业化。市场补充者要确定自己最终的服务对象，根据服务对象的需求来确定服务范围，并始终为该类消费者提供服务。

2.实现垂直层面专业化。市场补充者可以从分销渠道中确定适合自己的细小市场。

3.实现消费者规模专业化。市场补充者可以致力于服务中小规模的消费者群体。而中小规模群体都具有一个特点：不被大公司所重视。

4.实现区域市场专业化。将企业所在地作为自己发展的区域，根据该地区的消费者习惯和喜好进行产品销售，以此来吸引当地消费者。

5.实现价格专业化。企业确定所需生产产品之后，便要考虑价格问题。要么选择高价高质，要么选择低价低质。换言之，市场补充者为高端市场或低端市场服务。

6.实现产品特色专业化。市场补充者深耕某一特定类型的产品，不轻易涉足其他品类。产品特色专业化可以提高该企业在消费者心中的专业地位。

市场补充者在实现多方面的专业化之后，还应该立足于长远利益，与消费者、合作者多方搭建互惠互利的桥梁。

企业在最大能力范围内为消费者提供更好的服务，想要达到这一目标就需要企业通过对产品、服务、价值和人员的优化，赋予企业更好的服务价值。同时，企业还要重视营销推广的每个环节，不断创新，为消费者提供超出预期的产品和服务，在优质产品和服务基础上留住消费者。只有这样，企业才能提升消费者的忠诚度。

在互惠互利的基础上，企业还要注重与合作者的关系。在找到合作方之后与其建立牢固、相互信任的关系，并搭建市场营销网络。在市场营销网络的助力下，降低因市场反馈滞后而导致的市场被夺走的风险。

市场补充者想要在危机重重的市场中生存，就要寻找适合自身发展的细小市场，通过对补充者战略的部署，对自身进行内部重构。如此，在重构和战略部署的助力下，市场补充者可以在大企业的夹缝中生存，直至成为不可替代的存在。

◇ 重构助力，部署战略

当深入了解行业现状，确定进军哪个细小市场后，市场补充者就需要进行战略部署，对自身进行深度解析和重构，设计市场补充者的"三步走"战略。

第一步：寻找补充市场，满足新需求。创造补缺市场需要企业在消费者的潜在需求中发现商机。

从肯德基、必胜客流入中国以来，快餐逐渐成为人们就餐的选择。必胜客占据国内中高端市场，肯德基、德克士占据国内中低端市场。而好伦哥作为一个后来者，企业优势并不明显，所以它便将目光转移到中端的自助式餐饮。在披萨自助这个细小市场，好伦哥是首创者。

第二步：扩大补充市场，增加市场需求量。市场补充者需要扩大补缺市场，吸引更多消费者，从而实现长期稳定盈利。

好伦哥自成立以来，主打披萨。但随着消费者需求的变化，好伦哥开始不断开发适合消费者的其他食物，如种类丰富的海鲜和烧烤，扩充了补充市场。而这些补充市场被挖掘之后，好伦哥又对店铺进行了海洋主题设计，为到店的消费者提供了不一样的消费体验。而这一系列操作，帮助好伦哥提高了市场份额，稳固其行业地位。

第三步：深耕补缺市场，打造自身优势。市场补充者即使是在细小市场也要保持危机感，在发展过程中逐渐形成独特优势和特色服务，在消费者心中成为其他竞争者无法代替的存在。

好伦哥的成功不仅在于它所找到的补充市场，更在于它在该行业中的深耕。随着好伦哥的火爆，无数模仿者纷纷效仿。看似面对巨大的威胁和挑战，但实际上，好伦哥并未受到任何影响。

一方面，好伦哥面对模仿者的低价竞争，在保持价格的同时，提高产品质量，严格遵守"统一价格、统一品种"策略，保证了每个餐厅相同的食品品质；另一方面，为了提高服务质量，好伦哥建立督导系统，总店定期会派督导来店巡视，让员工不敢有丝毫懈怠，提高了消费者的服务满意度。

市场补充者生存的基础是细小市场。在竞争激烈的市场，想要达到一定高度，仅靠市场补充者保守的发展是不够的，这需要补充者对细小市场、企业发展、产品服务等方面进行重构，在重构中求生、重生。身处时代漩涡的市场补充者，要认清自己的定位，寻找适合自己发展的领域，通过对补缺市场的重构，搏出一片属于自己的未来。

第七章
重造　市场的维护与开拓

　　市场是企业赖以生存的沃土，企业是市场经营交易的主体，两者相依相存。透过市场，可以看到企业前进的方向；透过企业，可以预知市场濒临的拐点。企业以创新填补市场空白，开拓未知的领域。然而，当大的市场份额被早期进入市场的行业抢占后，企业发展就会陷入瓶颈。因此，企业便需要重构体系，纵向探索，在细分领域挖掘新的生存沃土。

　　此外，企业占据的市场不是一成不变的，在不经意间，抢占的市份额便会流失。因此，于企业而言，市场不仅需要开拓，更需要维护。

重新定义顾客，新兴市场之变

营销是企业为顾客提供满意的商品和服务，从而实现盈利目标所采取的一系列行动。通过营销策略，企业可以在消费群体中塑造品牌，使消费者更快速地了解产品。

市场营销是一个创造和反复的过程，营销的终端是顾客，企业要想不断吸引顾客，就需要以消费市场为根基，刷新营销体系。近两年，新一轮的消费升级正在国内消费市场中如火如荼地进行着，它意味着新兴生活方式的出现，意味着消费群体正在发生族群式裂变。在此情况下，企业的营销体系需要进行重构，在日益裂变的消费群体中重新定义顾客，寻求新的着力点。

✧ 在禁锢中创造可能

"海澜之家，男人的衣柜"，这句广告语让很多人瞬间记住了男士服装品牌——海澜之家。衣服作为人们日常生活的必需品，推动了无数服装品牌的崛起。随着经济的发展，国内的服装市场竞争越发激烈，女性服装市场更是趋于饱和。反观男性服装市场，真正定位男士消费群体的品牌却寥寥无几，当海澜之家以男装自选超市最新服装零售业态的创始人姿态亮相中国男装市场时，很快便吸引了众多男性消费群体的目光。

海澜之家是海澜集团旗下的一个自创品牌，其主要消费群体定位于35岁以上的成熟男性。自创立以来，海澜之家以全国连锁的统一形象、超市自选的营销模式、品种丰富的货品选择等优势，挺进国内男装零售市场并迅速打开了局面。

然而，众所周知，互联网、大数据的出现影响并改变着人们的生活方式与消费方式，年轻一代成为社会消费的主流。海澜之家打造的是成熟男人偏商务风格的衣服，并不受年轻消费群体的喜爱。消费主流群体的转移对海澜之家是一种冲击，其业绩增速放缓。为了应对消费转移形成的困境，海澜之家打破了它固态的中年消费群体定位，重新定义顾客，以年轻消费群体为目标，于2017年创造了全新的潮流运动鞋服品牌——黑鲸，主打年轻与时尚、运动与潮流。

黑鲸定位于年轻大众消费群体，致力于打造国潮青年新品牌。其产品分为运动、街头和派对三个系列，服装整体设计时尚多元，适应青年文化。

重新定义消费群体，是海澜之家在消费升级趋势下的生存策略。

为了快速打开年轻消费群体的市场，2018年，海澜之家将黑鲸以赞助《奇葩说》的方式进行营销。《奇葩说》这一节目因独特的形式深受年轻群体的喜爱，在《奇葩说》中，黑鲸通过与战队捆绑并为其提供战服的形式实现了快速营销，引领了娱乐营销新风尚。随着《奇葩说》的热播，黑鲸也得到了曝光，它凭借时尚、新颖的设计风格，让年轻消费群体牢牢记住了其具有活力的品牌形象，黑鲸迅速在年轻消费群体中蹿红。

2019年3月，在2019王者荣耀职业联赛（KPL）春季赛揭幕战上，新生代潮牌黑鲸再次强势闯入人们的视野，成为2019KPL官方唯一服饰赞助商。据调查,《王者荣耀》近 40% 的用户群体年龄低于 24 岁,32% 的用户年龄为 25-30 岁,而黑鲸正是看中了其用户年轻化的特点,从而以赞助赛事的营销手段,让年轻群体产生深刻的印象。

此外,KPL 粉丝对赛事战队、竞技选手的认同感十分强烈,强调自信果敢、不甘平庸的拼搏精神。黑鲸便借此提出了"永不妥协"的品牌态度,进一步强化了其新生代潮牌的标签。如此,就如同一部剧带火一个事物一样,一场赛事带火了黑鲸,并使之深植于年轻消费群体之中。

海澜之家重新定义顾客,通过打造黑鲸潮牌的方式,在年轻化这个市场中突破了禁锢,创造出无限的可能。

如今的市场是年轻消费群体的"天下",古板、传统的设计标准已经成为时代的"淘汰者"。海澜之家给众多传统服装品牌的企业带来的启示就是:以消费群体转移为着力点,重新定义顾客,聚焦消费市场的转变趋势,挖掘出新的消费群体,从而在竞争激烈的服饰行业突出重围,开辟出一片蓝海。

✧ 重修眼界,重归战略

面对复杂多变的市场环境,大多数企业都需要对自身的营销体系进行重新定义、重新调整。尤其是刚进入市场的企业,更要在新的细分市场中,准确定义企业的目标用户。而要想真正做到准确定义用户,就要重修眼界、重归战略。

放窄眼界。所谓放窄眼界,并不是表明企业要目光狭窄,而是要求企业看透小众营销逻辑。可以说从 2013 年之后,产品就逐渐进入"小众时代",即产品满足的是少数人的特殊需求,反而对大多数人的需求"视而不见"。小众营销逻辑,便是只做少数人的第一选择,不做多数人的第二选择。企业以小众心态关注消费者需求,才能以独到的眼光挖掘出新的消费群体，做小众的"宠儿"。

综合定位。如果将年龄作为分类标准，市场消费群体可以分为"70后""80后""90后""00后"；如果把社会职能作为分类标准，市场消费群体可以分为学生、白领、企业家等；如果把消费能力作为分类标准，市场消费群体可以分为实现者、尽职者、信任者、谋生者等。消费群体可以有多种不同的划分，企业要做的不是将产品卖给所有人，而是打造精品，以产品为基点，在标准分类中纵向深入、横向发展，找到综合点，精准定位自己的顾客。

瞄准小趋势。当前国内消费市场已经变成了分层化、小众化、个性化的市场，所以企业以往面对大众化的市场定位已经无法适应当前的市场。从大众化到小众化是消费趋势的改变，因此，企业要开阔眼界，看到国内消费市场的变化趋势。如今的消费市场，小趋势逐渐成为变革的潜在力量，企业以不断变化的小趋势来分析顾客的消费心理与潜在需求，进行长远布局，挖掘出潜在消费群体，进而重构营销终端，准确定义顾客。

营销是为了让产品好卖，而好卖的着力点在于消费群体。

如今的市场消费环境充满了不确定性，消费需求复杂多变。此外，大的市场份额已经被各个行业瓜分，对于想要进入市场或者已经进入市场但尚未形成格局的企业而言，只有进入细分市场，重构传统行业格局，重新定义顾客，将营销终端完全聚焦目标消费者，才能在市场中扎根成长。

革新价值传递，突破渠道瓶颈

创造产品，是创造价值的环节，而让产品接触到用户并被用户了解，则是传递价值的过程。即使产品足够好，也需要通过营销和渠道让用户接触到、感受到价值。因为当今的时代，市场环境复杂多变，竞争激烈，"酒香也怕巷子深"。

企业以产品为利刃进行博弈，而当双方势均力敌之际，产品这把利刃便无法再成为致命武器。因此，越来越多的企业认识到，由于市场的瞬息万变，如何巧妙地将产品的价值传递给消费者，让产品在最短的时间内出现在市场、呈现在目标消费者面前，已经成为制胜的关键。而价值的传递，需要以营销渠道为跳板。

✧ 乌卡之点，洞见趋势

营销渠道是价值传递的重要途径，是整个营销系统的重要组成部分，对降低企业成本和提高企业竞争力具有重要意义。因此，营销渠道作为一种极为重要的无形资产，正逐渐被厂商所重视。

    然而，市场正在进入一个变革丛生的"乌卡时代"。所谓乌卡时代，是指事情变化快，一切都不稳定、不确定，复杂而模糊。随着市场发展进入新阶段，旧的营销渠道模式已不能适应今天市场多元化的竞争结构，企业营销渠道陷入了瓶颈。为了突破瓶颈，一场渠道变革开始悄然进行。

    2018 年年末，康师傅在产品的渠道通路上做出了创新之举。康师傅一直以来实行的都是金字塔式的营销方式，通过经销商进行产品销售。然而随着市场环境的变化，康师傅发现，传统的金字塔式营销渠道已经难以适应经营的变化，品牌商需要从品牌力、渠道力共同发力，用新模式改变通路效率，推动营销变革。

    2018 年 11 月，康师傅与阿里巴巴零售通达成战略合作协议，其将旗下康师傅饮品、康师傅方便面等几大事业部整体接入零售通。

    一方面，康师傅借助阿里巴巴零售通的优势，进一步扩大康师傅经销商在线下零售小店的市场覆盖能力；另一方面，康师傅借助零售通的技术优势，全面开启线下经销商体系渠道数字化变革，通过门店数字化、供应链数字化、营销数字化和决策数字化等方式，为传统线下经销商渠道接入数字化技术手段，带领经销商进入数字化时代，实现渠道变革，提升通路效率。

    康师傅通过与阿里巴巴的合作，创新了渠道模式，拓宽了营销渠道，推动了渠道变革，进一步提升了经销商的市场竞争力。康师傅营销渠道的创新仅是营销渠道革命的一角，渠道之变是市场发展的必然，也是企业生存的必然。随着各企业的营销渠道重组，渠道变革呈现出多重趋势。

    渠道组成结构由金字塔式向扁平化式转变。

    越是以消费者为中心的市场，对渠道的快速流通与反应能力要求就越高。对终端信息的快速收集与整理，并迅速转化为产品流通到市场终端，成了企业制胜的关键武器。传统的营销渠道结构是金字塔式，其多层次的结构大大降低了产品价值传递的效率。然而，曾经推动企业发展的营销渠道如今已经失去作用，面临着瞬息万变的市场和复杂的消费环境，企业必须创新营销渠道才能应对竞争和促进发展。因此，越来越多的企业开始向扁平化营销渠道转变。

扁平化的营销渠道缩短了长度，拓宽了广度，简化了价值传递的过程，可以使企业更好地掌控客户反馈的信息，从而有效管理营销渠道。营销渠道的扁平化还可以使企业扩大宣传、快速占领市场等，为企业扩大利润空间。

1. 多渠道组合成发展大势。

传统的营销渠道多数比较单一化，而在越发复杂的市场环境下，单一的营销渠道已经无法再满足产品价值的传递，企业极易被其他后居者品牌所替代。因此，多渠道组合逐渐成为企业营销的大势。企业通过建立两个或者多个营销渠道的方式进行市场营销，可以实现建立多个目标市场的目的，从而快速而广泛地将产品传递至市场。

2. 营销渠道逐渐呈现一体化。

经济的发展与大型企业的崛起，使得企业营销渠道逐渐呈现一体化趋势。大型企业通过巩固与合作伙伴的战略合作关系，在实现共赢的基础之上，使营销商之间达到相互合作、相互支持与资源共享，从而促进营销渠道一体化。企业营销渠道一体化是企业为更好、更快地发展，增加市场占有率的变革之道，是顺应市场发展的必然趋势。

如今，单纯依靠产品质量以及传统营销渠道的企业已是时代的淘汰者，在"由复杂到超级复杂"的市场背景下，营销渠道的变革已是大势所趋。企业唯有创新与优化营销渠道，才能提升企业的竞争力与市场占领力。

✧ 重组内核，蝉蜕之变

世界一直都是一张善变的脸。时代在变革、社会在发展、市场在改变，曾经的营销渠道可以传递价值，却在不知不觉间就演变成了桎梏。因此，革新价值传递，突破渠道瓶颈是企业发展的必然趋势。重组不是为了颠覆，而是为了升级与进化。中小企业要想在营销渠道变革中蜕变升级，就要学会重组营销渠道，提升价值传递效率。

蝉蜕之变一：用"流量"的思维做渠道。

随着消费者消费方式的转变，渠道也被重新定义，有流量的地方就是渠道，任何可以触达消费者的都是渠道。渠道的数量和质量决定着流量的数量和质量，有渠道的最大化才有流量的最大化。因此，企业要懂得利用互联网实现网络分销。

对于中小企业来说，它们没有强大的资金与背景，无法在传统营销方式上一掷千金。所以，中小企业更要灵活应变、扬长避短，改变自己的营销策略，利用互联网实现网络营销。中小企业可以采用网络直销，通过网络与消费者直接进行交易。这种形式可以实现企业与购买者之间的双向沟通，提升交易率。

值得注意的是，不是所有企业都适合走线上渠道。如今，整个互联网上的流量红利渐渐退去，企业要做的是利用互联网的思维和方法，到客户存在的各个地方去获取各种碎片化的流量。

蝉蜕之变二：将渠道中心转移到顾客。

大多数企业的营销中心在分销商，它们只重视分销商而忽视了营销的终端——顾客，而这就导致渠道信息回馈不对称，企业无法更好地掌握顾客需求。正所谓得人心者得市场，企业"营"的是人，"销"的是心。因此，企业要树立"以消费者为中心"的营销理念，将营销渠道的中心由分销商转移到顾客，以顾客满意度为主要目标，如此，才能提高产品通路率。

蝉蜕之变三：组建战略联盟。

如今的企业逐渐呈现产销一体化趋势，众多的企业不断扩展营销渠道。因此，中小企业要想在营销渠道变革中实现超越，就要着力于建立属于自己的营销网，选择营销渠道较好的企业组建横向与纵向联盟，进行资源的优势互补，实现多渠道组合营销。

改变才能有未来。市场营销渠道的变革意味着企业已经意识到产品的价值传递才是生存之道，突破渠道瓶颈是生存的关键。在变革的环境中，重构营销渠道，将产品以最快的速度推向市场，冲击消费者的视野，才能破局重生。

以体验为导向，创造用户价值

如今的时代是用户主权时代，在当今的商业世界里，用户才是真正的主角。在各行业中，用户是最终也是最挑剔的裁判员，他们不会在意商业法则、企业的战略和模式，他们只会在意产品是否可以满足他们的需求，以及能否给他们带来更好的体验。

所以，任何企业，无论其规模大小，在用户面前的机会都是平等的。取得用户的支持是企业发展的关键。也正因如此，不少企业会花费大量的精力去构建用户体系，打造良好的用户体验。这是营销的智慧，也是营销制胜的武器。

◇ 要尖叫更要价值

不知从何时起，"用户体验"这一概念开始在市场中兴起。打造良好的用户体验成为各企业之间竞争的武器，人们开始大谈特谈用户体验。事实证明，用户体验确实为企业带来了巨大的用户流量。它们通过视觉设计、交互设计、图标的寓意性设计等，以细节性的感动赢得用户的心。打造极致的用户体验是企业参与市场竞争的必要手段，当产品的外观、功能等方面无法形成明显的差异之时，具有良好用户体验的产品便会成为用户选择的倾向。

然而，做好了用户体验，产品就一定能成功吗？当然不是。产品最基本的功能是创造用户价值、满足用户的需求，一款产品只有拥有了价值，用户才会注重它的体验。

令人遗憾的是，不少企业在用户体验的浪潮中迷失了方向，忘记了细究产品提供给用户的价值。没有创造用户价值，即便用户体验再好也是无效的。因此，市场上常常会出现这样的现象：体验不好的产品却颇受市场欢迎，拥有了大量用户，上升速度很快。而体验甚佳的产品，有的却不久便"泯然众人矣"，再未出现在大众的视野中。究其原因，便是因为用户不仅要"尖叫"，更要价值。

那些只关注用户体验而不注重用户价值的企业，收获的只是用户一时的新鲜感。其实，用户体验是建立在用户价值的基础上，是一种对产品设计升华的过程。企业做产品，不仅要打造用户体验，更要创造用户价值。只有用户体验与用户价值双管齐下，才能赢得未来。

对于企业而言，用户价值才是核心竞争力。单一的打造用户体验并非长久之计，要想打造用户体系，就要以体验为导向，创造用户价值。

◇ 触点用户驱动

近几年，随着经济水平的提高，居民的消费水平也水涨船高，汽车作为国内居民日常生活中的"大件"消费品，越来越多地走进千家万户。然而，受经济调控、教育等因素的影响，越来越多的消费者倾向于更加理性地消费，对汽车的购买也不似以前一般狂热。汽车因此结束了产销量连年增长的发展势头，车市进入寒冬。

　　作为一家用户导向型车企，安徽江淮汽车集团股份有限公司（以下简称"江淮汽车"）在车市寒冬逼近之际，聚焦用户价值，以目标客户核心价值为驱动，以智能、舒适体验为导向，持续为用户创造价值。

　　面对市场环境的挑战，江淮汽车始终践行"敬客经营、质量为本、求真务实"的核心价值观，确立消费者第一、以消费者需求为中心的原则，让消费者的需求最大限度地指导产品与服务的提升。江淮汽车通过用户反馈信息，将客户的差异化需求"翻译"成技术语言，始终关切客户的愉快感、安全感等体验。

　　众所周知，随着消费群体的转移，如今已是年轻消费群体的"天下"。在产品的使用上，年轻消费群体更加注重个性化与智能化。2018 年 10 月，在乘用车领域，江淮汽车根据用户的年龄层次，为"90 后""95 后"新生代消费者打造了一款"超能 SUV"瑞风 S4。这款汽车是基于新生代用户大数据的基础上，对其用车场景需求进行了详尽分析，以智能化技术对 UI 界面、语音免唤醒、语音语义扩充、导航等进行升级，更加便利、智能，使新生代用户的用车体验得到了全面优化。

　　在轻型商用车领域，用户多为中年以上用户，车辆也多为大型卡车。为满足卡车用户对车辆从"耐用"转变为"好用"的价值需求，江淮汽车推出高效全能、安全智能的帅铃全能卡车。卡车驾驶的风险系数较大，为了让卡车用户拥有更加安全的驾驶体验，江淮汽车打造了行业内首款自动 LED 大灯，使卡车在夜晚行驶时可以有更清晰的视野。

　　此外，江淮汽车还打造了电加热后视镜、车联网等，为用户带来媲美乘用车的驾乘体验。2018 年，江淮帅铃累计销量突破 6 万辆，其中海外市场销量同比增长 8%。

　　新能源汽车作为驾车用户的"新宠儿"，已经广泛地出现在车市之中，更多的家庭型用户将新能源汽车列为购车的首选。江淮汽车根据用户需求，在产品上不断推陈出新，2019 年，在新能源汽车领域推出全新的 iEVS4、iEV7L、iEVA60，其中 iEVS4 续航里程可达 530 公里，在打造舒适、安静的体验上，为家庭型用户创造了价值，满足了家庭型用户闲暇之际驾车小游的需求。

江淮汽车的行为就是一种智慧营销，它懂得以创造用户价值、满足不同用户差异化需求来实现用户黏着。在创造用户价值的基础之上，江淮汽车为用户提供了更加舒适、愉悦的驾车环境，打造了良好的驾车体验。

✧ 经营"人心"的秘密

用户价值是企业的核心竞争力，用户体验是产品的附加值。因此，在用户主权时代，企业要重构营销智慧，学会创造用户价值，打造用户体系。

1. 要洞察人性的贪、痴、嗔。

企业产品的打造要建立在用户的需求之上，因此，企业在一定程度上需要研究用户的心理，洞察人性的贪、痴、嗔。有些产品之所以能够做到深入人心，是因为其抓准了人性的贪、痴、嗔，看透了用户"图便宜""图方便"的本性，满足了用户的一些侧面需求。企业掌握了人的本性，在产品功能的设计上，结合用户本性，便能够使产品功能发挥到更好的程度。

2. 超出用户预期的体验。

某些品牌在消费者网购后，会在其中赠送一些小样或其他小礼品，当消费者打开包裹后收到的便是超出预期的惊喜，这样的行为会加深消费者对品牌的印象。所以打造超出用户预期的体验才能获得用户的更多关注。企业可以从产品与情怀两方面着手，在保证产品质量的基础上，以走心的情感体验，让用户感受到温暖。

3. 不要仅限于视觉呈现。

设计产品时，外观的设计也很重要，通过形状、颜色等对用户造成视觉冲击，也会让用户对品牌加深印象，然而，企业不要仅限于视觉呈现，还要以便利性来增加用户体验。例如，某网站拥有良好的用户界面，网站上会出现很多漂亮的图片可供用户下载，随意添加文字。然而当用户看到一张精美的食物图片而想要了解更多时，却需要自己以各种途径去查找。如果在此图片上进行链接，便会为用户提供便利性体验，在满足用户视觉盛宴的同时，也满足了用户的实际需求。

借助互联网的快车，不少产品为用户提供了"尖叫"服务，可"尖叫"的背后却也隐藏着危机，那就是对用户价值的忽视。这是一个用户主权时代，企业要以理性的心态探索前行，任何新浪潮的出现，都不能动摇创造用户价值这一"根本"。只有满足用户需求，才能打造出极致的用户体验。

规划最佳路径，打造卓越产品

对于以产品满足用户需求的企业而言，产品是企业价值的载体，是企业搭建用户体系的关键。在供不应求的时代，消费者对不同产品的需求，只为满足基本的生活，当时的产品只讲求实用而不在意美观。

如今，经济的发展带动了市场的变幻，市场中同一类产品会出现多种品牌，各行业产品同质化较为严重剩。而消费者的需求却不再似当初般"朴实"，在讲求实用的同时，美观、个性、潮流等都纳入了消费者对产品的要求标准之中。企业普遍的以广告战、价格战进行促销的营销手段在越发挑剔的消费者面前，失去了以往的效应。企业要想在同质化市场中突围，就要重构营销体系，规划最佳路线，打造卓越产品，以精品制胜。

✧ 占领精品制高点

同质化让传统企业的竞争陷入僵局，进入消耗阶段。而就在传统企业陷入消耗战之际，互联网企业凭借着全新的商业模式，在价值创造、价值传递、价值传播等营销各环节带来了颠覆式革命。但随着互联网大数据的普及，渠道上的去中间化、信息沟通上的逐步对称，使得产品的模仿难度越来越低，进而形成了产品同质化加剧的恶性循环。

面对同质化的市场困境，打造卓越产品才是企业的突围之道。在同质化的竞争中，企业的营销思维需要从"多子多福"转向"优生优育"，集中优势兵力打造精品，以最具竞争力的产品，或者以产品的某一特点占领产业制高点，从而在同质化市场中脱颖而出，吸引消费者的眼球。

例如，自苹果手机进入中国市场之后，中国的智能手机市场遍地开花，联想、魅族、小米等智能手机相继出现在人们的视野之中。最初的智能手机市场各有千秋，然而随着消费需求的增大，智能手机市场将消费者的需求作为手机卖点，不断推出新机型，但同时也失去了自我，出现了严重的同质化现象：同样的薄款设计，无差别的操作系统与应用软件。

产品的同质化引发了行业危机，一些无法重构与创新的手机品牌在同质化的困境中失去了市场占位。而其他手机品牌在同质化危机降临之际，开始专注打造独特设计，以精品突围，开拓更广阔的市场。

vivo 作为流量手机，早期依靠线下铺货渠道来提升营销量，然而，如今依靠线下铺货渠道提升营销量的手机企业不在少数，vivo 的营销方式已无法再成为竞争壁垒。为了博弈市场，vivo 开始聚焦技术，以精品破局同质化竞争。

在第一款全面屏手机推出之后，越来越多的手机品牌开始追逐全面屏，但全面屏却导致手机正面没有了容纳指纹开孔的空间，于是手机厂商纷纷将指纹按键放置机身后，这一设置却给众多用户带来不便的体验。为了打破手机市场上形态设计同质化的全面屏手机，vivo 通过技术研发，发布了全球第一款屏下指纹解锁手机，这一"黑科技"成功让 vivo 突破了同质化的包围，站在了屏下指纹解锁的前列，以时尚与科技的双突破为用户带来新奇体验。

不得不承认，众多企业在追逐利益的同时，忘记了企业长期的生存之道是创新。为了满足市场上不断扩大的需求，很多企业只顾瞄准卖点打造产品。长此以往，产品同质化现象愈加严重，而当企业回过神后，却发现自己早已走进狭窄的"胡同"。其实，企业要想在同质化的环境中重新立足市场，打造卓越的产品是关键因素之一，如此才能以精制多，极大地占据市场份额。

◇ 破局之路，精品制造

各个行业的同质化趋势愈演愈烈，厨房电器行业同样难以例外。

无论是抽油烟机、集成灶还是嵌入式厨电，行业内各个品牌产品的功能没有差异性对比，对于消费者而言也具有一定的难择性。然而，宁波方太厨具有限公司（以下简称"方太"）却在厨电市场困境中被人们所青睐，究其原因便是其以精品打造了破局之路。

2018年，方太代表厨电行业这一家电业的细分领域，列入"国家品牌计划"的名单之中，成为唯一一家入选2018年CCTV"国家品牌计划"的厨电类专业品牌。

方太入选2018年CCTV"国家品牌计划"，可以说是意料之中的事，因为方太为国内制造业树立了中国精品制造标杆。

一个企业做一项精品都很难，要同时把几个产品都做成高端精品更难。方太副总裁孙利明曾说："对方太而言，产品是品牌的基础。最终，企业是通过优质的产品与消费者沟通的。如果拿不出好的产品，就无法打造高端品牌。"

自成立以来，方太一直专注的恰是扎实的产品力。

2008年，方太以中国第一例嵌入式成套化厨电"银睿五系"，开启了中国厨房电器一体化的新时代。在之后市场消费升级的过程中，众多厨电企业纷纷转型一体化，方太却凭借超前的理念、领先的科技与品质，早已成为站立潮头的领军企业。

2015年，方太推出的水槽洗碗机更是将精品制造推向了制高点。洗碗机源于西方，然而却一直没有打开中国市场，是因为之前市场上的产品都是根据西方人的厨房结构和清洗习惯而设计，不符合中国人的使用习惯。而方太的水槽洗碗机是从中国厨房的应用场景出发，潜心研究中国厨房的清洗需求和使用习惯，并结合中国厨房相对窄小等特点，大胆创新，将洗碗机放进了厨房水槽里。

这款产品颠覆了人们以往对"洗碗机"的认知，也改变了人们对家用水槽的传统理解。水槽洗碗机的出现不仅打开了中国洗碗机市场，更开拓了千亿级的市场规模，让不少的中国家庭结束了手工洗碗的时代。此外，方太水槽洗碗机更是精品厨电的代表。它采用的是抗腐蚀能力强的不锈钢材质，具有极高的韧性与耐高温性。为了让水槽的外观设计更加美观，每个槽体都由一整块钢板压缩而成。同时，为了避免机器打磨造成水槽生硬不细滑，槽体都经专业的师傅纯手工打磨，使得每个产品都线条润滑、流畅，更加精美。

价值决定价格，真正的好产品自己会"讲话"。2019年，方太的8款产品获得2019年德国IF设计奖。对用户来说，产品的设计必须华而有实，而不是"为设计而设计"，追求不必要的噱头。方太始终坚持以高端品质为先，用精品在嵌入式厨电领域开辟出蓝海，也在消费者心中刻下自己的高端符号。

◇ 切断桎梏，主动革命

卓越的产品是企业进入市场的利器，也是打破同质化困境的必杀技。把产品做到极致，从而在市场上脱颖而出，是绝大多数企业的追求，然而如何以产品制胜成为阻碍企业实现追求目标的"高墙"。企业要想以产品为基，重拳出击，就要坚持以下几点原则。

原则一：**以用户为本的产品设计。**

用户是产品的体验者，企业生产产品的根本是满足用户的需求。因此，打造精品的前提要以用户为本，准确把握用户的"痛点"，契合用户的习惯，通过关爱用户击中其内心，让用户得到良好的体验。

原则二：**以产品诠释企业理念。**

产品是企业价值理念的载体，因此，企业要将自身的理念融入产品之中，用理念打磨产品，才能使产品更具内涵性。消费者通过产品触感到企业的理念，才会形成品牌认同感。例如，乔布斯在做苹果产品时，便会将他自己关于"简洁到极致"的理念融入其中，而用户也因此感受到了简洁体验。

原则三：**适配有限资源。**

精品制造不是临时战术，需要企业全力以赴地投入。很多初创企业的资源是有限的，而精品的制造是长期的，所以，对于企业而言打造卓越的产品必须适合企业资源与能力，在符合消费发展趋势的前提下，集中有限的资源做好的产品。

新形势下，产品于消费者而言不再只满足于实用，更在于良好的品质体验。精品是企业崛起的机会，可挽救企业于危难。在激烈的市场竞争中，打造卓越单品是企业培育忠诚消费群体、占领市场的关键，更是企业阻隔竞争对手、突破同质化困境的主要工具。

第三部分
重焕新生机

第八章
重树　刷新企业精神

　　企业精神是经营战略与企业文化的结晶，是企业之魂。现代管理论正在给予企业精神更高的重视，人们愈来愈关注和重视精神因素对企业生存发展以及提高企业工作效益的巨大作用。

　　企业精神是企业发展的不竭动力，蕴含了企业的未来目标、使命和核心价值，是企业发展的原动力，也是企业最终战略愿景。企业精神引领企业实践，企业实践丰富企业精神。正是在这样的动态发展过程中企业逐渐走向卓越。因此，刷新企业精神，重树管理战略，重构管理模式势在必行。

树立企业文化，凝聚向心内力

一个企业里，不同层级、不同部门有着不同的目标，如果没有一个强有力的企业文化来引领，那么向心力和一致性就无从谈起。

优秀的企业文化能够营造良好的企业环境，提高员工的道德素养，对内形成凝聚力和向心力，使企业获得强大的精神力量，从而提高企业的竞争力。而一个没有企业文化的公司是没有灵魂的，只能称作"团队"。

因此，企业需要树立一个清晰的企业文化作为引领，从而确立有效的战略、计划和决策。更重要的是，面对不确定的未来，企业需要对自身进行全方位深刻剖析、系统重构，顺应时代来重树自己的企业文化体系，提高应对复杂多变的市场环境的能力，从而在新经济之势中继往开来。

✧ 优秀企业文化，代代传承

"打造百年企业"可以说是每一个追求长远发展的企业的目标。但是，如果按照日本企业的标准来算，"百年企业"只不过是个"小目标"。

据日本经济大学研究生院院长后藤俊夫先生介绍，寿命超过 1000 年的日本企业有 20 多家。其中，成立于公元 578 年的金刚组公司，至今已有超过 1440 年的历史，是全球历史最悠久的企业。

一家企业的寿命竟能达千年之久，历经十几代人，究竟是什么给予了其顽强不息的生命力？反观世界大多数国家的现实状况，企业诞生得迅速，消亡得更迅速，速生速灭的场景成了每天都在上演的戏码。

这一正一反、一长一短，对比不可谓不鲜明，不可谓不强烈。

那么，这些长寿的企业，究竟是怎么做到如此长寿的？对于多数在新时期的商业漩涡里挣扎的企业而言，深刻剖析它们的经营成长史，是否能够带来一些有益的启示？

能够经营逾千年而不毁不灭的企业，其本身的经营策略必然有过人之处，这点毋庸置疑。

专注本业可以说是日本企业家的普遍共识，那些长寿企业的领导者一般都不会随意搞多元化。另外，日本企业家们普遍重视可持续发展，不会超过自己的能力而盲目地扩大规模。

那么，除了这些具体的经营策略之外，这些长寿企业是否还有某些不为人知的强大的内在力量，来支撑其历经千年而不倒？

答案是肯定的。这种强大的内在力量，来自其优秀的企业文化。

日本的长寿企业都很重视"人和"，都会妥善处理与"利益相关人"的关系。他们普遍非常关心员工的家人，有时可能一家祖孙三代都在同一家企业里工作，这就使得企业比较容易提升员工的忠诚度。一些长寿企业还特别重视客户、合作伙伴和社会的利益。有时他们宁愿牺牲自己的利益，也不愿意牺牲合作伙伴的利益。

另外，这些长寿企业的社训，大多是基于儒教而订立的。有人曾经调查了 4000 家日本老企业，让这些企业选择一个字来揭示其"长寿秘诀"。结果，选择最多的是"信"字，第二个是"诚"字。

一个非常有名的社训是"先义后利"。"先义后利"出自《荀子·荣辱》，而这个社训来自大丸百货商店。大丸百货商店极其重视信用，还救助了很多穷人，因而被称为"义人"。另一个很有名的社训是"积善之家必有余庆"，这句话出自《易经》，日本的长寿企业有不少类似的家训。

由此可见，长寿企业之所以长寿，不仅仅因为其高明的经营策略，更因为其优秀的企业文化。无论是对"人和"的重视，"义为先"的社训，还是"诚为贵"的长寿秘诀，这些都是优秀企业文化的核心，都能够坚定长久地传达企业踏实质朴的价值观和责任感，使得它们不但获得广泛的外部支持，更获得了足以支撑自身走下去的强大的内在力量。这种强大力量代代传承了下来，催生了一个又一个千年企业的不朽传奇。

◇ 优秀企业文化，正道成功

国内商业江湖里的传奇也不少。

有这样一个人，他虽然早已"退隐江湖"，但江湖上依然处处有他的传说，他在互联网行业内的大佬地位，依旧无可撼动。

他就是打造了"小霸王"和"步步高"两个知名品牌的段永平。他手下的"四大弟子"也都个个不凡，分别是 OPPO 创始人陈明永、vivo 创始人沈炜、步步高集团 CEO 金志江和拼多多创始人黄峥。前三个弟子几乎霸占了国内智能手机的半壁江山，拼多多的发展也极为迅猛，已于 2019 年 2 月纳入 MSCI 指数①。

段永平经常提及的一句话是："做正确的事，把事情做正确。"那么，

---

① MSCI 指数：摩根士丹利资本国际指数（Morgan Stanley Capital International Index），指投资银行摩根士丹利所编制的一系列股价指数，涵盖不同的行业、国家及区域。MSCI 指数是投资界最为广泛使用的用以代表各国家、地区资本市场表现的参考指数。在考虑指数的组成部分时，MSCI 将以流通股市值为依据，纳入各行业中最具代表性的公司。

什么事情是正确的事情？又该如何把事情做正确呢？段永平给出的答案是"本分"，这也是他认为的核心商业秘籍。

什么是"本分"？段永平曾在不同的场合做过阐述，其基本内容可以总结为：无论做人、做事，还是做企业，都要"本本分分"，少搞一些投机取巧和歪门邪道。在段永平看来，如果一件事违背了"本分"的原则，那么就不应该去做，否则人的内心就会受到道德的拷问，客观上也会给企业未来的发展带来不利影响。

简言之，段永平讲的"本分"，其内在思想也就是要追求向上、向善的企业价值观。

但是，在弱肉强食的商业江湖里，在尔虞我诈的社会竞争中，这样的思想似乎很幼稚很单纯，基于这样的企业价值观而建设起来的企业文化，也仿佛只是唱高调的空话。然而实际上，这样的企业文化才是企业发展壮大的"定海神针"。

企业和人一样，往往难以察觉自身的蜕变，如果没有向上、向善的企业文化引领，是很难抵御一些诱惑的。这也是很多明星企业最终由盛而衰、变成"流星"的原因所在。

段永平和他的"弟子"们能取得非凡的成就，在于他们的企业建设了向上、向善的企业文化。比如，OPPO以"本分、追求极致、用户导向、结果导向"为其企业核心价值观，在此基础上树立的企业文化，使得OPPO的团队架构相当稳定，团队向心力很强，其高管团队很少有人离职或跳槽。

树立了向上、向善优秀企业文化，企业就有了经营准则，就能守好本分，凝聚起整个团队的向心内力，来"做正确的事情"，从而实现正道成功。

✧ 优秀企业文化，正确落地

谈及企业文化，不少人大概会觉得虚幻飘渺。诚然，如果一家企业连生存问题都无法解决，那么谈论上层建筑的确不切实际。然而，企业文化建设真的只是大企业该做的事，中小企业的确没有建设的必要吗？

当然不是。如果将员工比作一根线，那么企业就是由数不清的线拧成的一股绳，而优秀的企业文化就是拧绳的巧手，绳子的结实程度就是向心力。

优秀的企业文化能够为全体人员提供共同的价值观，对全体人员有着巨大的内聚作用，能够形成一种巨大的向心力，使团队内的每个成员都贴得更近、靠得更近。

那么，企业文化建设该如何落地？是不是简单地搞一些文娱活动、组织几场体育比赛就能算是企业文化建设呢？

答案当然是否定的。

从宏观的角度来分析，企业文化的产生和发展大致可分为 4 个阶段：

1. 无意识的创造阶段。

在企业创立和发展的过程中，会逐渐形成一套内部广泛认可的运营理念和思想。这些思想是零散的而非系统的，可能是公认的但未经正式声明的一些规则，而这些规则就是企业文化的前身。

2. 自觉的提炼总结阶段。

企业经过了一段时间发展并取得了一定的市场进步后，就需要及时提炼和总结那些成功要素。这时，各种管理理念与工作方法相交汇，企业需要自觉进行一场文化梳理与总结，来确定企业共同的价值共识。

3. 文化落地执行阶段。

随着企业的不断发展，其组织规模不断扩大，员工结构日益多元化，前期提炼和总结出的价值理念体系就需要进行具体的落地实施，以得到更大范围内组织成员的认同。

4. 文化更新重树阶段。

企业文化建设是没有终点的，一个健康的企业必定需要一个"活的"文化体系来与之相伴。这个活的文化体系需要不断地进行更新、进化甚至重树，其更新、重树的依据就是内外环境的变化与企业的发展需要。

因此，企业文化建设是一项开放的复杂的工程，绝不是几项简单的文娱活动能够代替的，其落地实施还要遵循一定的流程和原则：

提高认识。要让全体员工理解什么是企业文化，以及为什么要建设企业文化。同时，理解企业文化还要注意文化的共识性、范围性和内在性。

掌握建设原则。企业文化要面向未来，同时体现行业的特点和本企业的独特性。企业文化的管理要与企业的战略管理相结合，与企业形象管理相促进。最重要的是，文化体系的建立必须反映全体员工的共同愿望。

策划企业文化体系。要根据企业自身特点，提炼出文化体系的主要内容，定义具体的企业使命，构建企业的共同愿景，设计企业的核心价值观。

推进企业文化实施。具体的实施方式有很多，可以根据实际情况选择符合本企业的落地方式。比如，编制企业文化手册，策划企业文化节日，培育企业楷模，把文化进行制度化等。

需要注意的是，提高认识是建设企业文化的重要前提。企业所倡导的理念达成了普遍的共识，方能使得广大员工自觉地遵循。如此，按照一定的流程并遵循原则，树立起企业独有的企业文化，便能够激发员工使命感，赋予员工荣誉感，加强员工责任感，从而凝聚企业的向心内力。

在新时期新商业背景下，原有的企业文化已不适应时代潮流，企业需要根据时代变化、市场变化及自身的发展来全面重树自己的企业文化体系，使得企业的向心内力更加强大，从而凝聚起全体员工，共同追求同一个梦想。

纠正认知偏差，以精神力驱动

互联网时代，市场和竞争对手都充满了未知，企业往往是到无人区中去探索，需要更强烈的使命驱动与战略方向的坚定与自信。那么驱动企业发展的核心动力在哪里？产品、技术和品牌为企业带来的优势只是一时的，可以呈现企业生命力且最具有价值的，其实是流淌在企业血液里的精神，唯有精神才能与企业共存亡。

但是，很多时候企业精神仅仅是在企业的管理层中达到了共识，在基数更大的企业员工中还未引起同频共振，这其中既有认知偏差带来的企业精神内化阻碍，也有员工归属感和责任感的缺失。

思想意识在现代管理中起着决定性的作用，企业精神更是企业蓬勃发展的动力之源。因而，企业管理者应当立足企业精神对员工激励的重要作用，重构组织管理，纠正固有认知偏差，以企业精神为驱动，双向实现员工自我价值和企业价值提升。

✧ 认知纠偏，解决管理矛盾

为什么企业管理者关注战略决策和经营方向，然而员工却只关注自己的"一亩三分地"，不愿做超出职责范围的事？

为什么企业部门之间总是互相推诿扯皮，大大降低办事效率？

为什么员工总是对公司不满意，认为自己的能力值得更高的薪资？

实际上，这些苦恼企业管理者的问题颇为常见，但是总是难以解决，原因就在于管理者与员工之间因所处身份不同带来的认知偏差。

管理者则认为事无大小，凡是有潜在机遇的事情都应该尽量争取，员工则认为自己收多少钱办多少事，不愿意干一些短期内不受益的事；管理者认为管理层级明确，不应该出现拖延或"踢皮球"的现象，员工则把本部门看作与企业其他部门对立的利益共同体；管理者认为能力决定薪资，员工则认为自己所做的工作值得更高的工资。

员工怨气横生，管理者疑惑不解，企业自然无法健康发展。因此，企业管理者要想提升员工自主性、提升管理效率，首先就要纠正这些认知偏差。要知道，员工是拥有独立意识的"人"，而不是劳动机器。因此，要了解员工就要了解人性学。

在人性学中，人被划分为自然属性和社会属性两个部分。人的自然属性总体表述为：在生理上，人们总是渴望快乐而不是痛苦；在心理上，人们总是渴望尊重而不是压抑；在心灵上，人们总是渴望拥有值得奋斗的目标而不是漫无目的地行事。人是社会中的人，自然也拥有社会属性，人的社会属性也分为三个层面：对行动目的、长远发展目标以及人生价值的思考与追逐。

也就是说，企业的管理者只有先明确员工作为一个"人"所拥有的基本诉求，才能对员工的行为和动机进行有效地引导和管理，让企业精神不沦为"一纸空谈"，真正内化为员工的整体共识，从精神上真正激发出员工的主动性和责任感。

要实现这一目标，企业管理必然要经历四个阶段：

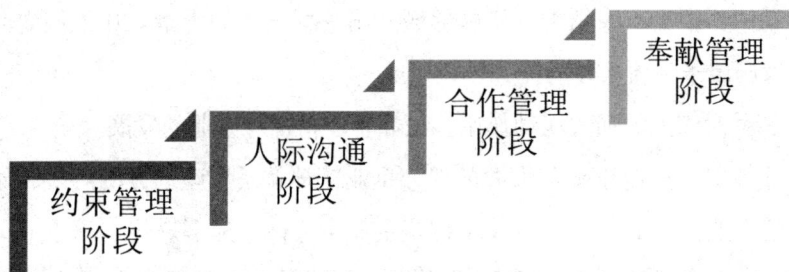

图 8-1　管理的四个阶段

约束管理阶段。这一管理阶段正处于企业发展的初级阶段，此时企业管理刚刚起步，在这一阶段建立统一的制度规范和等级制度，约束员工行为，确保企业内部决定上行下效。

人际沟通阶段。这一阶段既是企业文化和企业精神的培育和熔炼阶段，也是对企业员工意识的培育和调整阶段，企业管理者和员工将在经营实践中逐渐建立共同的价值观。

合作管理阶段。这一阶段是树立企业精神的重要阶段，企业上下将战略方向和企业文化特色融入企业精神，共同形成企业管理者和员工共同追寻的企业精神。

奉献管理阶段。在这一阶段，企业已经形成了企业文化和企业精神，员工价值观与企业精神一致，形成了较高的归属感和责任感，自觉为企业发展贡献理想，能够在充满未知的市场环境中联合行动，建立竞争优势。

这四个管理阶段是一个企业精神动态形成与发展的过程，这也是企业精神与员工个人意识整合与融合的过程。只有员工深度参与并认同的企业精神，才能打破固有认知偏见，真正发挥企业精神巨大的激励和引导作用。

◇ 精神，企业的最终立足点

美国管理学大师彼得·圣吉通过大量的研究和论证后发现，在人类群体活动中，很少有像精神一样能够激发出这样强大的力量，让人们内心渴望能够归属于一项重要的任务、事业或使命。

精神对于人的强大能动作用，正如企业精神对企业的发展。

企业如一艘航于茫茫大海的船，企业精神就是那座远方的灯塔，始终引导着企业前进的方向。企业精神是企业生命体中熊熊燃烧、永不泯灭的希望和动力，可以团结、调动人的潜能，激发员工为实现企业目标而努力。

丰田汽车公司（以下简称"丰田"）就是一个在企业精神不断深度重构的企业。从成立至今，始终根据时代环境以及自身经营实践不断加以优化改进。如今丰田的企业精神已然成熟，也成为了无数丰田员工深信不疑的工作法则。

优秀且成熟的企业精神能够发挥巨大的能动作用。在丰田，员工能够体会到参与企业管理和经营实践带来的自我价值，还有在企业内部获得认可的满足感，这使员工拥有极大的责任心和归属意识。人们总是津津乐道丰田员工的负责敬业，即使在下班路上看到路边一辆丰田车的后视镜上有灰尘，也会毫不犹豫上前擦拭干净，以免影响行车视线。

这样的举动并没有写在公司的规章制度里，但正是企业精神已经深深镌刻在每一位丰田员工的内心里，才让他们感到自己就像经营者一样，对公司抱有高度的责任感。

丰田生产方式创始人大野耐一曾说过："没有人喜欢自己只是螺丝钉，工作一成不变，只是听命行事，不知道为何而忙，丰田做的事很简单，就是真正给员工思考的空间，引导出他们的智慧。员工奉献宝贵的时间给公司，如果不妥善运用他们的智慧，才是浪费。"

　　在丰田的车工部，一名工人就提出了消除座位下弹簧发出"咯吱"响声的建议。那就是在接头部位涂上石蜡，利用石蜡来消除零件摩擦的声响。一个小小的点子，就解决了困扰许久的问题。这个小改进让客户在体验后大为满意，这名工人也因此得到了公司 10 万日元的奖金，还申请了专利加以保护。

　　让员工乐于在工作期间创造超越本职工作的价值，是每一个企业都渴望实现的管理状态。成熟完善的企业精神，能够让员工与企业实现和谐共赢和长远发展。由此可见，精神才是企业最终立足点，在企业精神的指导下不断重构企业管理模式，以精神力驱动员工才是管理的最高层次。

确立精神方针，雕刻竞争威力

自商业兴起之际，商业精神便与之相伴并不断传承、创新。诚、义、正、和是在时代的更迭中从未改变的商业精神，也正是这样的精神构建出商业文明。企业精神是推动企业前行的力量，它影响着企业中的每一位员工。企业的壮大离不开企业员工领会企业精神的精髓，并将其融入血液、深达灵魂、践于举止。因此，企业确立精神方针，是参与市场竞争的根基。

◇ 精神威力，凝心聚力

"一阴一阳之谓道"，企业由硬件与软件组成，支撑企业这个组织长期发展的除了过硬的产品与技术，还需要有凝心聚力的企业信仰，即企业精神。企业精神是企业之魂，是企业在长期发展过程中探索形成的思想风标，它反映了企业的作风、思想、精神风貌等。企业精神不仅是企业的精神支柱，一旦形成，它就会产生巨大的有形力量，会对员工的思想和行为起导向作用。员工会时刻以企业精神为标杆，不断调整自身的行为，将其内化于心，外化于形。因此通过培育和再塑企业精神，可以建设一支极具凝聚力与奋斗力的员工队伍。

企业精神昭示着企业独特的形象，推动着企业砥砺前行。

提起"狼性文化"，每个人都会想到华为。华为长期研究狼性，并将狼性中所蕴含的团队作战、不屈不挠进攻、敏锐嗅觉等精神引入企业内部，使华为成为不达目的，绝不放弃的成功企业。在华为，可以用"学习、创新、拼搏、团结"来概括其精神，正是这种精神激励着华为的每一位员工，它才可以从一个 2 万多元起家的小企业，转变为具有核心研发能力的世界 500 强企业。

可见，企业精神是一种无形的力量，其彰显出的威力，可以推动企业逆流而上，如同华为一般，在企业精神的引领下，跻身于世界前列，跨越未来。

◇ 成长之根，立身之本

"内修文德，外治武备"是古代的治国之道，时至今日，这句话同样可以被视为治企之道。

内修文德，便是指企业要从内部出发，凝聚企业向心力，雕刻企业精神之道；外治武备，便是指企业要制定正确的竞争方针，而方针制定的依据依然是企业精神所孕育的处世之道。企业精神是企业生存与发展的根基，它无关乎企业的大小，无论是中小企业，抑或是行业巨头，形成这个时代最佳的企业精神，才有与世竞争的权利。

有一家闻名全国的乡镇企业——万向集团（以下简称"万向"），其创始人便是 2018 年 12 月 18 日被党中央、国务院授予"改革先锋"称号的鲁冠球。1969 年，鲁冠球带领 6 名农民，集资 4000 元，创办了一家小作坊——宁围人民公社农机修配厂。如今，小作坊已经发展成为一家以汽车零部件制造和销售为主业的现代化跨国企业集团。鲁冠球在总结企业管理经验时表示，培养和倡导优秀的企业精神，是十分重要的。"想主人事，干主人活，尽主人责，享主人乐"这十六字是万向在创立之初提出的企业精神，尽管随着时代的发展，万向的企业精神发生了改变，但这十六字精神方针内涵却一直流传于企业内部，揭示了万向的发迹之谜。

精神方针一：想主人事。

万向确立企业精神的第一条就是"想主人事"。作为一家乡镇企业，其职工大部分都是亦工亦农的特点，因此，他们在万向多是抱着挣钱养家的想法，并没有完全将自己融入万向。为了调动员工的主人翁意识，万向通过"两袋投入"（即物质手段的口袋投入与精神激励的脑袋投入）来调整员工思想。万向在进行每一项活动，下达每一项生产任务时，都要让员工明确"做什么""为什么做""怎样做""这样做对国家有什么好处"。同时，万向还以"为国作贡献的事就在你岗位上"为主题进行竞赛活动，意在让员工转变角色，站在万向主人翁的角度思事、行事。

精神方针二：干主人活。

万向在市场的不断开拓中，将眼光瞄向了国际市场。当时的万向向员工表示，如果企业可以将产品打入美国市场，就相当于破除了美国"汽车霸主"的局面。一家真正有实力的企业不是只能赚本国人的钱，而是可以把产品拿到国际市场上去竞争。这一想法激发了员工本能的荣誉意识，他们将"把产品卖到美国去"看成是一种骄傲。"干主人活"这一精神激励着他们将自己视为万向的"主人"，他们为自己制造的万向节可以让国际市场使用而感到骄傲。

精神方针三：尽主人责。

尽主人责，是万向企业精神中重要的精神方针。万向不少的农民职工存在"被雇佣心理"，容易产生"八小时内为你干"的打工者心态。为了使职工群众焕发主人翁精神，万向领导时刻关心职工、尊重职工。企业的决策、方针以及面临的困难，他们都会第一时间告诉每一位职工，使上下一心想企业所难，解企业所急，让员工具有主人翁意识，尽主人翁之责。

精神方针四：享主人乐。

万向从不会只要求员工尽主人之责，而不享主人之乐。万向不仅帮助有实际困难的职工，解决其家属的就业问题，还组织经常出差在外的科技人员、供销人员的家人外出旅游。让她们乘飞机到南京，坐火车游无锡，乘轮船回杭州，而家人的开心欢乐，会让职工更加有工作的热情。

"想主人事，干主人活，尽主人责，享主人乐"的十六字企业精神犹如一只无形的手，在万向成长过程中，始终伴其左右，激发着全厂职工的主人翁责任感和持久的劳动热情。万向最初作为一家乡镇企业，并没有因为企业规模小而放弃企业精神的形成，反而更加注重企业精神的凝聚力，而也正是这十六字的企业精神，成为万向闻名海内外的立身之本。

✧ 重树精神，彰显生命力

企业精神一直是老生常谈的话题，越来越多的企业也开始注重企业精神在企业内部所形成的凝聚力量。然而，很多企业虽然形成了企业精神，却并未起到任何作用，这就意味着企业的精神方针需要重树，只有探索出真正适合企业自身发展的精神方针，企业精神之力才会转变成物质之力。

重树一：精神方针的独特性。

每个企业的企业精神都应有自己的特色和创造精神，要符合企业自身的发展特点，既要有中国特色，又要有企业自身特色，如此，企业精神才能充分发挥它的统帅作用。

重树二：精神方针的务实性。

企业精神的确立，旨在为企业员工指出方向和目标。因此，企业精神的务实性，就是指企业应当从实际出发，遵循自身发展规律，不盲目空想，不抄袭。

重树三：精神方针的时代性。

企业精神不是一成不变的，它被形势所构筑。企业精神是时代精神的体现，是企业个性和时代精神相结合的具体化。优秀的企业精神应当能够让人从中把握时代的脉搏，感受到时代赋予企业的勃勃生机。只有随着时代的变化不断完善，企业精神才有生命力。

企业精神是企业价值的引领，是企业形象的支架，是企业前进的风标。每一家企业都应在命运的召唤中，摸索出时代的精神，在时代的精神中，领悟出企业的精神。以企业精神铸魂，以企业精神塑形，以企业精神凝心，以企业精神彰显无限威力。

打造高效团队，提升作战能力

如果告诉你，你的企业里可能 80% 的员工没有完全承担责任，甚至还有 20% 的员工存在严重推卸责任的情况，你会作何感想？

这并不是夸大其词。

一项覆盖全球 22 个国家和地区、超过 20000 名员工的调查报告显示："非常爱岗敬业"的员工只有 23%。

调研还发现，大部分员工实际上都处在"敬业但寻找其他机会"的状态，他们愿意付出努力来帮助公司获得成功，同时也在认真地考虑跳槽，这些员工具有很大的流失风险。另外，我国的员工对就业市场前景的看法相当乐观，有将近 46% 的受访员工认为自己在未来一年内会有更多的工作机会，这比全球平均结果高出了一倍多。

正面的反馈当然也有，57% 的受访员工认为目前所在的公司还可以，承认公司为自己提供了提升技能的机会。

然而，这个占比只是略超过一半，形势不可说不严峻。试想，当一个企业的大部分员工都在考虑何时跳槽时，他们势必不能对自己的工作完全负责，如此就会在团队中产生一系列连锁反应，形成恶性循环，从而使团队的作战能力下降，成为"低效团队"，进而影响整个企业的效益。

✧ 责任感分级，则团队效能分级

表面上，企业一片祥和，人人积极向上；实际上，大部分人都不能完全承担起自己的职责，时刻想着另谋高就。那么，为什么会出现这样的现象？该如何提升员工的责任感，从而提升团队效能，打造出真正的高效团队？

先来看看一个团队里，不同程度的责任感所对应的 5 种状态。

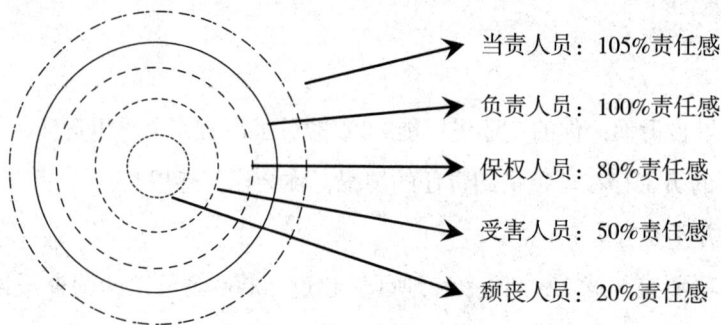

当责人员：105%责任感

负责人员：100%责任感

保权人员：80%责任感

受害人员：50%责任感

颓丧人员：20%责任感

图 8-2　不同程度的责任感所对应的 5 种状态

如图 8-2 所示，团队成员的责任感可以分为 5 个层级，即 5 种状态。显而易见，这 5 种状态对团队产生的价值，是从外到里依次降低的。

第一种状态是当责人员，是责任感的最高维度。处于这个状态的员工会积极主动地面对问题、解决问题，能够给企业带来最大价值。

第二种状态是负责人员。处于此状态的员工能够尽职尽责、全力以赴，可以按照公司的要求达成目标，但很难超额达标。

第三种状态是保权人员。这类员工通常会循着固有体系，做好自己分内的事，但责任感和目标感不足，最终的成就当然也不足。

第四种状态是受害人员。此类员工经常会出现漠视、责怪、回避和拖延等行为，是团队里典型的"受害者"。

第五种状态是颓废人员，他们已经对自己的受害状况安之若素，甚至甘之如饴。这类员工工作起来但求怜悯，有功无赏倒无所谓，只期待出错时能被放一马，自放于责任和义务之外。

如果大部分员工都处于第三到第五种状态，只有80%、50%或者20%的责任感，那么这样的团队其团队效能将会很低，这样的企业也将会很危险。高效团队的成员是斗志昂扬、意气风发的，而效能低下的团队，他们消极的价值观和态度会使其自身精力溃散，更会传播负能量，从而影响整个团队的士气。

✧ 加强员工责任感，提升团队战斗力

士气对一个团队来说，无疑是十分重要的。士气高涨的团队，工作积极性强，在挑战面前能够迸发出巨大的力量，而这需要团队的每个成员都认真负责、团结协作。假如大部分人都不负责任、遇事推诿，那么这个团队的未来无从谈起。

想要团队的工作效率更高，从而打造出士气高昂、走得更远的高效团队，势必要消除那些不负责任的现象。那么，不承担责任的现象究竟是怎么产生的？

可以通过图8-3来帮助了解。

不妨以销售部门的员工为例，来看看当业绩下滑时，处于第三到第五种状态的员工通常会怎么做。

A. 他首先的反应会是"漠视"或者"否认"，他可能会说："我做的工作并没有问题。"

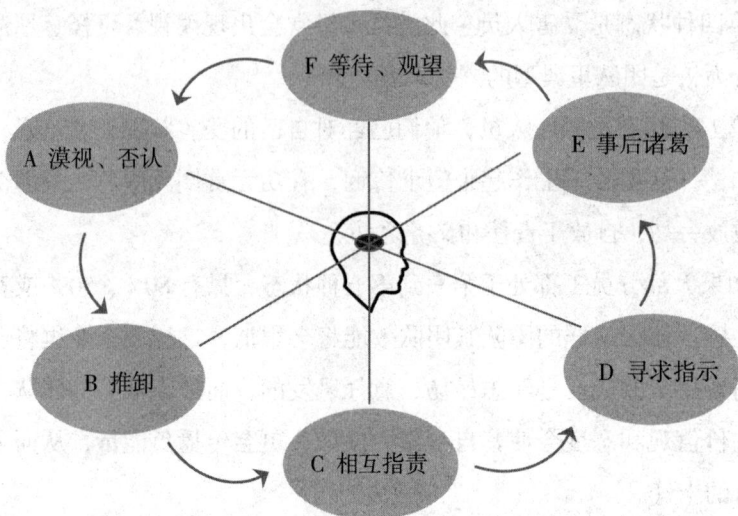

图 8-3　不负责任循环模型

B. 如果出现的问题无法回避，他会接着说："这是负责交付的人的工作，不是我的问题，你去找他们吧。"

C. 当他发觉责任无法推脱，他就开始指责他人。这时他会说："研发部门要是能开发出真正的好产品，我们的工作也不会这么难做。"

D. 当指责发挥不了作用，他就会要求他人告诉他怎么做。他的意思其实是："我是照你说的去做的，要是失败了，责任你来承担。"

E. 如果事情真的很棘手，他就会变身"事后诸葛"。他会说："我早就说过不能这么做，你看我两个星期前就打过报告了。"

F. 最后真的无法挽回时，他会归咎于各种客观因素，然后不行动，保持观望态度，他可能会这样说："等大环境好了，咱们的业绩肯定会跟着变好的。"

再来看看承担责任的行为是如何发生的。

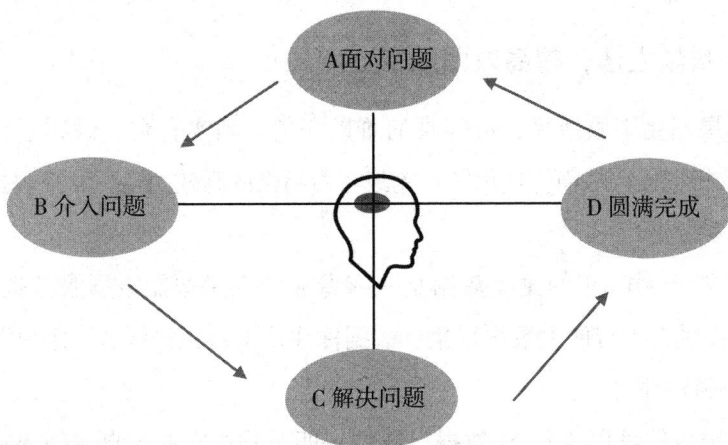

图 8-4 100% 承担责任循环模型

如图 8-4 所示，如果同样的事情发生在销售部门员工身上，处在第一、二种状态的员工通常会这样做：

A. 面对上月业绩大幅下滑，他首先会坦然面对这个事实，虚心请同事们提供意见。

B. 然后诚恳地和所有相关项目人员进行沟通，全面介入问题。

C. 接着他会专注于最后成果，不断思考该如何去解决这个问题。

D. 计划制定后，他会立即着手执行，并不断进行后续跟踪，最终超额完成目标。

显而易见，处于第一、二种状态的员工对于企业的发展是最有益的。如果企业里的员工都能够直面问题，然后认真解决问题，勇于承担责任，那么企业必将拥有一支敢打硬仗、能打胜仗的高效团队，为企业的发展冲锋陷阵。然而，员工能够达到这两种状态吗？或者说真的有企业能够使员工做到 100%，甚至 105% 承担责任吗？

◇ 科学之法，塑高效团队

如果不是亲眼所见，可能真的难以相信，确实有企业做到了让员工100% 承担责任，从而打造出了一支战斗力超强的高效团队。龙猫数据就是这样一家企业。

成立于 2014 年的龙猫数据是一家专业的人工智能数据服务提供商，致力于提供人工智能大数据采集、数据标注线上众包等服务，隶属北京安捷智合科技有限公司。

龙猫数据可以说是 AI 数据行业的一匹黑马，它通过自主搭建数据云平台，为很多企业提供了海量云数据和算法模型训练环境。2018 年，龙猫数据与相关政府部门共同主导建设了人工智能服务平台，借助自身优势来加速人工智能产业落地。

面对众多的数据服务企业，以及客户数量多、数据类型复杂的情况，龙猫数据依旧能够运营得如此成功，离不开其强大的运营团队。龙猫数据的团队成员有着很强的学习能力，再加之团队内部灵活的沟通协调机制，使得龙猫数据具备超强的战斗力。据内部相关统计，相同类型数据的处理，龙猫数据现在的速度已经是一年前的十倍。

龙猫数据作为一个成立时间并不长的企业，能够在短短几年内快速成长，并取得了卓越成就，其成员责任感不可谓不高，其团队战斗力不可谓不强。

要如何提升员工的责任感，使所有员工都能够 100% 甚至 105% 承担起自己应负的职责，从而凝聚在一起，斗志昂扬，打造出一支坚如磐石的高效能团队？

要打破团队的"不能"。能力是做好工作的基础，员工如果能力不足就无法正常地完成工作。企业要建立起科学的培训体系，针对每个部门甚至每个员工，来规划相应的成长课程，打造学习型企业。

要防止团队"不明"。明白有效的沟通是使工作顺畅的前提，如果各个部门之间沟通不畅或者根本不进行交流，那么企业就难以顺利地运转。企业要建立有效的沟通机制，有意识地培养员工养成相互沟通的习惯，训练员工掌握表达的技巧。

要避免团队的"不忠"。员工的忠诚对于一个企业无疑是十分重要的，忠诚度不足的员工恐怕连责任感的第五种状态都达不到。要定期进行员工职业道德教育，让团队更加专注、高尚，使员工真正达到爱岗敬业。

总而言之，一支高效能的团队必然能够思想统一、行动统一，在优秀的企业精神的激励下，爆发出超强的战斗力，从而使企业获得持续发展。而要建造这样的团队，细枝末节的改变无法起到关键作用，它需要企业进行深刻重构，建立一套行之有效的、科学的塑造方法。掌握了有效的方法，企业就能够像龙猫数据一样，拥有一支战斗力超强的高效团队，在竞争激烈的新时期，为企业冲锋陷阵。

第九章
重振　时代先锋与商业文明

　　没有成功的企业，只有属于时代的企业。这是信息时代，企业无时无刻不在获取和传递商业咨讯；这是产业互联网时代，企业在赋能、协同与公正的商业模式上持续发力；这是人工智能时代，企业深耕科技，加强研发，激活新动能。正是无数个求变与突破的企业刻画了这个时代，正是无数个在时代中奋力拼搏的企业缔造了商业文明。

新视野：打破思想藩篱

在人类文明从荒芜到繁荣、从原始到现代的几千年历史中，商业活动始终贯穿其中。

只要人类社会还在向前发展演进，商业活动就不会停息。从最初简易的商品交换，发展到初具规模的商品经济，再到大规模批量生产的工业经济，再到如今高度金融化、互联网化的后资本时代，随着社会形态更迭、文化演进和技术变革，商业文明也在不断发展变化。

不断向前发展的社会催生出越发强大的商业力，而强大的商业力必然催生出更高层次的商业文明。在新经济时代，互联网与金融资本相互交织联动构建了一个无比复杂，却也蕴藏着无限可能性的经济新生态。

在经济新生态中，一切商业元素都在数字化，商业环境正在发生指数级变化，所有人们知晓的和尚未知晓的商业因素，经过组合或重组，将会诞生出无数种新型产品服务、新的商业模式和新的财富形态。这是商业重构的结果，也是商业文明向前发展的必然趋势。

◇ 剑指人工智能

如今以互联网为连接点，融合大数据、云计算、AI 等技术的新商业文明已经到来。作为继蒸汽技术、电力技术和信息技术之后的第四次科技革命核心动力，人工智能将掀起新的科技浪潮。在人工智能的战略布局中，全球都在抢滩登陆，世界几大经济体更是已将人工智能提升至国家级战略。

毫无疑问，人工智能这一片广阔的蓝海也成为企业心驰神往的新领域。有预见性的企业正在将云计算、机器学习、物联网和区块链等新兴技术结合起来，构建创新型应用，从而赢得竞争优势。人工智能正在成为企业构建商业帝国新的"护城河"。

放眼国外，尽管遭遇资本寒冬，全球市值最高的五家科技公司在人工智能领域的热情却不降反升。苹果频频收购人工智能公司，将人工智能技术融入企业产品中，还通过"人人都能编程"的口号意图布局 AI 教育；谷歌家大业大，人工智能自然全面开花，在云服务、无人驾驶、无人机、仓储机器人领域均有布局；对人工智能市场谋划多年的亚马逊，正在持续将机器学习深入企业新业务中，其研发的智能印象 Echo 已经成为世界上最赚钱的人工智能产品之一；Facebook 依托社交产品带来的海量数据，在人工智能的基础层、技术层和应用层纵深布局；微软则致力于将人工智能技术应用到智能助手、AR/VR 领域。

纵观国内，作为人工智能领域最重要的参与者，互联网巨头 BAT 在技术、应用场景、平台构建和资金储备层面已经进行了全方位的布局。百度围绕构建智能平台和自动驾驶技术；阿里巴巴则侧重人工智能在大数据、云计算领域的挖掘和应用；腾讯则在平台和技术开放上持续发力。尽管方向有所不同，但是对于人工智能的雄心都不相上下。

除了几大互联网巨头，根据中国信息通信研究院数据，截至 2018 年 9

月，中国共有 1122 家人工智能企业，这些企业分布于 AI 产业链的各个环节，大致集中在语音识别、AI 芯片、计算机视觉、智慧金融和智慧医疗领域的赛道上。

互联网巨头纷纷进场，AI 独角兽竞争加剧，资本环境越发活跃，种种迹象表明，人工智能这一新商业视角，正在从令人兴奋的科技憧憬转变为企业的战略性举措。从理论到实践的巨大飞跃也正彰显着人工智能的巨大活力。

◇ 商界新视野

2019 年 2 月，中国互联网络信息中心发布的第 43 次《中国互联网络发展状况统计报告》显示，截至 2018 年 12 月，中国网民规模达 8.29 亿，人均周上网时长为 27.6 小时。那么，8 亿多的网民与人工智能的距离究竟有多远？

以搭载人工智能技术最为丰富的智能手机为例。当用户意图解锁手机时，所使用的虹膜、人脸或指纹识别都是人工智能；当用户想要浏览资讯时，人工智能将会根据大数据算法下的用户特征推送合适的信息流，甚至有些新闻就由人工智能编撰而成；当用户想要拍摄照片时，智能手机会依据相机算法自动优化画面；当用户与语音助手实时互动时，每一次交互实践都是人工智能技术的应用……

这些应用场景现在看来相当普遍，似乎还没有发挥出科技变革的威力。实际上，人工智能被划分为弱人工智能、强人工智能和超人工智能三个层次。目前的人工智能还处于弱人工智能阶段，但是仅在这一阶段，在技术驱动、数据驱动和场景驱动下就已经产生磅礴的商机，更高层次的人工智能带来的商业变革将是不可想象的。

百度创始人李彦宏曾说："未来没有一家企业可以声称跟人工智能无

关。"企业可以不知道人工智能的终点在哪里，但是绝不能在起点就被抛下。

"沿着旧地图，一定找不到新大陆。"这是对企业的提示，也是对企业的忠告。当宏观环境指明趋势和机会时，企业要抓住机遇顺势而为；但是当宏观环境发生变动，却尚未指明机会和趋势时，企业需要打破既有思想的藩篱，开拓新的商业视野。

人工智能作为最具颠覆性和变革性的技术，正在引发一场持续且深刻的商业重构。当足够强大的新变量因素出现时，企业的规模大小将变得不再重要。因为当行业被重新定义，固有的边界被打破，过往的游戏规则不再适用。无论成熟稳重的大型企业，还是轻盈灵活的小型企业，都将被重置在赛道起点上。身处新一轮的商业重构之中，这对于刚刚入场的企业无疑是利好因素。

新商道：重塑精神版图

何为商道？经商之人的为商之道。

纵观企业兴衰史，人们往往会发现，企业家的经营理念会如同烙印一般刻在企业的成长轨迹中，人们也往往能够从不同企业的战略决策中感知到背后的企业家理念。这是因为商道与人道同源，商道即人道。在中国经济进入新常态的今天，不确定性也成为新常态。重塑企业家精神版图，紧跟趋势践行新商道，才能有效化解企业经营中的价值冲突，开启企业经营的未来。

✧ 生生不息的企业家精神

在纽约的洛克菲勒中心门前，矗立着一座阿特拉斯的雕塑。阿特拉斯是古希腊神话中的擎天巨神，他被宙斯降罪以双肩支撑苍天。洛克菲勒中心门前这座双肩高举地球的雕像，就象征着纽约企业家们的自我期许——他们正是承载美国经济的巨人。

的确，在全球经济快速变革与重塑的今天，企业在经济发展进程中正在起着越来越重要的作用。企业已经成为新知识和新技术的创造者、制度创新和文化再造的助推者。

企业，与人们生活息息相关，与国家命运紧紧相连。

改革开放短短四十余年间，中国民营企业从无到有，以 40% 的社会资源，完成了 60% 的 GDP，研发了 70% 的技术成果，承担着 80% 的就业，占中国企业总数 90% 以上。中国民营企业已经成为市场运行中不可缺少的角色，成为中国经济社会发展的重要动力。

和民营企业一起成长的，还有一批在商战中披荆斩棘的企业家。在改革开放初期，企业家们身上还普遍散发着草莽气息，他们敢想敢干，在"蛮荒"中开拓商业版图。几十年后，中国经济深度发展之后，新的商业力量已经崛起。在如今创新驱动和高质量发展的新时代，企业家精神也随时代的发展而不断丰富内涵，重新塑造出新的精神版图。

在 2018 年中国绿公司年会上，阿里巴巴创始人马云讲道："现在应该是中国历史上企业家数量最多，企业家地位最高，中国企业家营商环境最好的时代。这一代企业家可谓生逢其时，更须以家国利益为重、以未来利益为重、以社会利益为重。"

全局观、未来观和全球观成为新时代企业家的"三观"，也是新时代企业家精神的核心内容。

全局观需要企业家横跨整条价值链，来考虑企业的全局利益。在全球成为命运共同体、企业发展平台化的今天，企业要从全局出发，与平台中其他人共同受益，在彼此包容和共同发展中逐渐走向强大。

未来观需要企业家站在未来的角度思考问题。最能接近企业未来的，正是企业的核心技术。在抢夺流量与用户、更新营销手段愈演愈烈的今天，企业家更应该思考关乎企业生死存亡的关键因素，那就是核心技术。倘若企业家没有未来观，企业将很难走远。

全球观需要企业在全球视角下思考企业发展方向。尽管国际贸易环境越来越复杂，但是中国经济越来越融入全球经济却是不争的事实。如何在其他的国家和地区获取利润并创造独特的价值，是新时代的企业家必须思考的问题。

马云对新时代企业家精神的新见解，正在汹涌澎湃的商业变革史中，折射出企业家精神的无穷活力。万物互联的全球经济中，中国已经成为经济影响力大国。在快速变革的经济环境中，战略思维的重要性越来越重要，重塑企业家精神版图，正是对新商道的践行之路。

◇ 利他与共赢思维

人们将企业家分为三类，一类是生意人，什么钱都赚；一类是商人，有所为有所不为；最后一类才是真正的企业家，他们关注长远，关注社会责任。其实，在商言商，经商之人逐利，并没有什么不对，但是除了获取利润，所有优秀的企业家都是坚定不移的利他主义者，也是合作共赢的推崇者。

在利他主义和共赢思维的指导下，企业经营者便不会以企业的"皇帝"身份自居，而是意识到，自己所做的努力，是为了给予企业员工更好的工作平台，为了给予合作伙伴更好的回报，为了给予企业更好的发展前景，为了给予用户更好的使用体验。

李嘉诚总结自己的从商心得时说："做生意要打出以利人为先的牌，小利不舍，大利不来。"企业家倘若不以开放、共赢的思维经营企业，而是将身边的一切都视为潜在的竞争对手，最终只能走向自我封闭。那些主动从利他与共赢角度思考的企业，往往与政府监管部门相处更为融洽，对企业利益相关者的了解更为精准，与用户的互动也更为有效。

2019 年 5 月，腾讯创始人马化腾宣布了企业新的愿景和使命——科技向善。

随后在第二届数字中国建设峰会上，马化腾也谈道："我们希望'科技向善'成为未来腾讯愿景与使命的一部分，希望我们和业界一起来思考与探索，构建数字时代正确的价值理念、社会责任和行为规范，共建一个健康包容、可信赖、可持续的智慧社会。我们相信，科技能够造福人类；人类应该善用科技，避免滥用，杜绝恶用；科技应该努力去解决自身发展带来的社会问题。"

"科技向善"成为腾讯的新商道。这既是腾讯对社会责任的主动承担，也是利他与共赢思维的不遗余力的战略宣言。

其实，在"科技向善"被提出之前，腾讯早已在技术推动公益上面做出诸多举动。它不仅是互联网公益领域十余年的重要驱动力，更曾经在通过技术拓展公益行业合作领域，及技术助力公益打赢脱贫攻坚战等多个领域开展了尝试与探索。

腾讯的一系列变革，不仅仅是企业成长到一定规模后应有的责任和担当，也是面向市场趋势变化做出的主动布局。具备企业家精神的经营者，总会在变数产生之前就开始谋篇布局。重塑精神版图就是一次经营理念的重构，企业要做的，就是推动理念的认同与落实。

新商业：实现价值跃迁

在 2019 年以前的互联网增量时代，互联网企业穷极一切，只为从 8 亿多的互联网用户中获取更多的注意力。企业抓住了多少用户，就决定了企业能吸引多少资本。这一点，仅从企业的用户增速和企业的市值增速基本一致就能看出来。

处于增量时代的中国互联网行业，如同蓄力多年后喷薄的火山，声势浩大、热气腾腾。但是，火山喷发只是一时的，漫长的蛰伏才是常态。无论熔岩多么炙热，最终也总会回归平静。

时间进入 2019 年，中国互联网进入存量时代。企业用户增速普遍放缓，单客获取的成本和难度都在增加。相比过去群雄争霸的互联网上半场，在互联网下半场发力的企业已经很难获得 5 亿甚至 10 亿用户量级的规模。

在争夺用户流量、获取消费场景的商业征途中，互联网企业显然已经走到了收尾的阶段。在产业互联网时代，能够单纯以规模取胜的企业已经少之又少了。

那么，企业的增长空间在哪里？

增长空间来自企业对商业模式的重构，来自企业价值的跃迁。

◇ 重构之术，价值之力

"跃迁"是量子力学术语，指的是量子力学体系状态发生跳跃式变化的过程。在量子力学中，原子在光的照射下从低能态跳到高能态，吸收光子的过程就是典型的量子跃迁。

所以，企业要想获取增长空间，实现从薄价值到厚价值的转变，就要借助重构之力，优化企业价值链，实现企业价值的跃迁。

预见未来才能行动，感知趋势才能驾驭。正如牛津大学教授、量子式管理者提出者丹娜·左哈尔所指出的，在不确定和质变的时代，我们真正需要改变的是思维。因为在产业互联网时代，无论是传统企业还是互联网企业，所面临的早已不是技术、产品或服务等单一要素的比拼，而是战略思维深度重构后，不同企业价值系统之间的对抗。

以中国物流市场为例。2019 年，属于物流行业的增量红利已然见顶，就算物流从业者无比怀念过去一路凯歌的商业扩张时期，也无法忽略资本市场遇冷的情况下，物流行业整体增长乏力的事实。在这种现状下，以三通一达（申通、圆通、中通和韵达四家企业）、顺丰、百世等为代表的头部玩家尚且吃力，更不要提其他抗风险能力不足的物流企业了。

无法持续获客，毛利较低，利润增长困难，都显示出以往过度依赖用户增长的企业，如今不得不面对无法有效开发出新的增长空间的尴尬局面。

不破不立，单纯依靠过去的价格战无法实现持续发展，物流行业的破局之路已经成为必选项。如何重构商业模式，开拓新的增长空间成为一众企业必须思考的问题。

现状中往往包含表征不明显的趋势。其实，2019 年物流市场的整体表现，也为物流企业实现价值跃迁提供了一些商业思路。

最基础的是回归物流业务本质，重视效率。在经历了开疆扩土的前期增长后，在物流运营的精细化管理上，投资者和经营者正在进行更多思考和尝试。其次则是通过模糊边界、业务跨界来获取更多的业务增长空间。如今以顺丰为代表的快递企业和以德邦为代表的快运企业之间的业务边界不再明显，相互渗透的趋势已经显露，新的业务增长点出现成为可能。在客户端，各企业也致力于拓展领域边界，以实现为用户提供更丰富的运输解决方案。

内部不断整合，外部逐步走向科技化、数据化和自动化都是物流行业进一步重构行业生态系统的方向。但是无论哪一种方向，中国的物流市场的重构趋势都不可阻挡，物流企业寻求新的增长空间、实现价值跃迁的趋势不可阻挡。

以重构之术，实现价值跃迁。这是企业在新型商业环境获取增长空间，获得持续发展的商业法则。

◇ 新商业，新价值

在信息时代过渡到智能时代的几十年中，信息科技企业是当之无愧的经济主角。时至今日依旧是美国求职网站搜索第一名的 IBM、市值破万亿美元的科技老将微软、连续 10 余年交替霸占半导体王位的英特尔和三星……在变革比以往任何时候都激烈的互联网时代，他们经历多次时代风雨，却依旧昂然屹立在遍布厮杀的互联网经济环境中。

企业长寿本不易，尤其是在快速更迭的科技产业领域里。梳理这些企业的成长路线，就会发现创造企业价值与长久经营之间的商业规律。衡量这些科技信息企业在经营过程中对企业价值经营的共性表现，对企业在新商业环境中创造企业价值有一定的启示。

都拥有宽广的企业格局。 企业价值的多寡，往往与企业的格局呈正比。无论是 IBM 的"科技引领进步，让世界更美好"，还是微软的"使世界上的个人和企业实现其全部潜能"，都在追求商业利益的前提下，树立了更为深远的企业愿景。

都不约而同地追求匠心。优秀的互联网企业往往在研发投入上毫不吝啬，因为研发投入、专利申请和人才贡献才是企业价值长存的深远影响因素。华为的研发人员占到了总员工数量的45%，华为也是2018年全球专利申请最多的企业之一。

都能适应经济新常态。企业需要前瞻性的商业布局和强大的经济适应能力，这需要企业比竞争对手更早地看见趋势，更早地适应趋势，唯有这样才能始终保持在行业潮头，成为企业价值的持续塑造者。

都能自我革新。往往每一次自我革新和转型升级都是企业价值跃迁的绝好时机，当英特尔决定从一个芯片处理器公司转变为一家数据公司的时候，就是又一次自我革新的重大变革。2018年英特尔销售额近一半都来自数据中心业务，这正是企业自我突破寻求新价值的直观写照。

在互联网经济环境深度变革的今天，周围所有的产品、服务甚至思维都在迭代升级。环境变革不可阻挡，企业经营者总会为此感到恐慌，因为环境中隐藏变数总是让人不安。实际上，从另一个角度想，这就意味着企业经营者在所有的领域、所有的行业，都有机会获取新的发展空间。

几乎所有的东西都在不断升级，几乎所有的行业都在重新定义，这正是新商业表露出来的常态。当行业被重新定义的时候，人们往往能够发掘出新的商机、新的价值，这是商业变革带来的可持续性，也是企业不断前进的动力。

企业需要基于产业全局视角，挖掘价值链的深度和广度，围绕产品 – 研发 – 设计 – 营销 – 品牌 – 渠道等价值链的每一环节，完成价值链的重构与优化，牢牢占据"微笑曲线"厚价值、高利润的两端，实现用户红利到产业红利的跃迁。

"价值链"理论告诉企业，企业间的竞争不是单一的，在某一环节上获取优势地位，并不能决定企业在整个价值链中的地位，而整个价值链的综合竞争力才能决定企业的竞争力。

新商业呼唤新的价值，而企业正是新价值的塑造者。行动是改变命运的根本途径，企业可以通过不断重构商业模式，不断发掘、创造出新的需求，在不断突破既有商业模式的实践中，形成一种新的价值主张，最终实现从追随者到引领者的身份转换。

第十章
商业重生，筑牢生命线

相传，凤凰涅槃以 500 年为一个轮回，焚烧不幸与恩怨，换取祥和与幸福。同样，有着数千年历史的商业文明也在经历着一次又一次的颠覆与重生。每经历一次颠覆，旧有的商业规则和价值就会退出历史的舞台，新的商业规则和价值则会引领企业走向一个全新的未来。

那些通过重构实现重生的企业，将以强大的复原力筑牢发展的生命线，从而应对和解决前行路上遇到的各种危机与风险。它们将以崭新的面貌，描绘出未来的发展蓝图，引领人类社会走向更加美好的未来。

重构现在，激发复原力

商业之海从来都是波涛汹涌，很少风平浪静。从经济大萧条、石油危机引发的经济危机、拉丁美洲债务危机，到日本泡沫经济崩溃、亚洲金融危机，再到美国次贷危机及全球金融危机，每一次经济、金融危机的爆发，在带来危害的同时，也促使着全球经济不断向前发展，推动了人类社会商业文明的进步。

放眼国内，进入新的历史时期后，我国经济发展再次面临着困难与挑战。2018 年的中兴事件引起波澜，警醒国人。中美贸易摩擦进一步加剧，争端不断升级。进入 2019 年，环保风暴、社保新规、严格的市场监管等变量再次搅动着商业之海。"春雷"已响，企业必须通过重构现在，激发、增强企业的复原力，从而实现蛰而复苏。

✧ 重构之路，无止无休

自诞生之日起，每一家企业都争分夺秒，力争在发展的道路上走得更远。然而，一味追求前进，过分追求速度，很容易使企业陷入发展的误区。此外，外界环境的变化对企业的发展也有着至关重要的作用，必须得到重视。

因此，企业要时不时地停下来，进行自我审视，在解构中挖掘，在挖掘中窥见时代的结构，发现隐藏在时代背后的商业规律。与此同时，企业要通过重构，实现自我革新，使自己的发展符合规律，从而更好地前行。

重构没有完成时，永远只有进行时。因为，时代发展的脚步永不停歇，变化无时无刻不在发生，上一秒被视作金科玉律的法则，下一秒就很可能被弃之如敝屣。正如同东流的江水，滔滔不绝，滚滚而去，不可阻挡。

如果企业固守已有的成绩和模式，不进行重构，那么注定会被时代的洪流裹挟而走，从而消失得无影无踪。相反，将重构刻进骨子里，融到血液中，不断进行重构，不断实现自我革新，企业方有可能在大浪淘沙、风卷残云之后，成为沉者之金、胜者之王。

在不断的重构中，企业增强了自己对不确定性的忍受力。通常，不确定性总是时刻威胁着企业的生存和发展，因此，很多企业对不确定性充满了恐惧。在恐惧中，无法冷静思考的企业注定得不到好的发展。然而，当企业培养了对不确定性的良好耐受力之后，企业便可以正视潜在的危机与风险，从而更好地探索出应对之法。

在不断的重构中，企业对法律法规和道德有了更加深刻的认识和践行。当企业的一切经营活动都在法律法规、道德范围之内时，企业才有可能走一条正确的发展之路，才有可能获得长青发展的基因。相反，漠视法律法规，或者不讲道德操守，企业的发展注定是孤立无援的，注定要走向灭亡。

在不断的重构中，企业锻炼了化困难、挫折为成长资源的能力。很多时候，问题与危机是阻碍，更是财富，只是我们缺乏整合的意识和能力。通过重构，企业便能够从多角度解释所经历的磨难，便能从中获得宝贵的经验和教训。毫无疑问，这于企业的发展是百利而无一害的。

重构无止境。企业的每一次重构既是开始，又是为下一次重构做准备。在不断的重构中，企业的复原力得到了激发与强化，并支撑着企业走向更远的未来。

✧ 触底反弹，向死而生

互联网时代，企业总是处在危机的包围之中。即使是百度、腾讯这样的大企业，也面临着各种危机。李彦宏就曾表示，百度每天都面临着各种各样的考验，新技术的出现很可能颠覆整个公司。

当问题、危机来临时，在重构过程中得到激发、强化的复原力将自动帮助企业经受住考验，从而成为企业发展的盾牌，助力企业的发展登上一个又一个新的台阶。那么，什么是复原力？

由英国导演丹尼·博伊尔执导的电影《贫民窟的百万富翁》向观众们讲述了主人公贾马尔的故事。贾马尔从小到大经历了许许多多的悲惨事件。毫不夸张地说，其中任何一件事都极有可能让人崩溃，走上歧路。然而，贾马尔却始终能够对生活保持信心，对未来怀有无限憧憬。这就是复原力。

简而言之，所谓复原力，是指个体面对困难经历时的反弹能力。复原力或强或弱，促使着不同的人在面对同样的困境时，产生不同的表现——或积极应对，或消极逃避，或一蹶不振。一般而言，复原力的基本特征有三点：接受并战胜现实的能力、找到危机背后真谛的能力和临机应变解决困难的能力。

个体具有复原力，企业同样具有复原力。企业的复原力主要指企业经受系统断裂的能力，以及企业适应新的风险环境的能力。通常，企业的复原力强弱可以通过以下几个问题做出基本的判断。第一，企业是否明白相互依赖的关系，是否能识别相互依赖的风险；第二，为了保持企业的复原力，企业付出了什么；第三，企业是否清楚自身的处境；第四，"谁"在负责企业复原力的建立与维护。

强大的复原力可以使企业实现战略、运作、组织体系、组织构造、决策支持等能力的有效结合，从中发现不断变化的风险，并适应风险。在此基础上，企业进一步可以忍受赢利驱动力的断裂，进而创造出新的竞争优势。

毋庸置疑，复原力在企业的发展中扮演了重要的角色。强大的复原力可以使企业触底反弹，向死而生；可以使企业摆脱黑暗，走向光明的未来。复原力，是企业经营发展中必须具备的能力。正是在复原力的支撑下，曾经的初创企业才能克服一个又一个危机，逐步实现从小到大、从弱到强的转变；正是在复原力的支撑下，那些茁壮成长的企业才能历经百年，最终成为人类长达数千年商业文明史中的璀璨明珠。

重构之路无止无休，然而行则将至。在重构的路上，企业将不断增强复原力，从容应对发展中遇到的各种危机；企业将紧跟时代的步伐，成为时代发展的引领者。不在重构中获得新生，就在重构中走向灭亡。

重构未来，绘商业蓝图

数字化和移动互联网技术的深入发展，极大地提高了社会的整体效率，对商业的发展提出了更新更高的要求。在这种形势下，商业世界正在进行深度转型。

未来不可知，却有规律可循。关注变化只会令我们眼花缭乱，不知所措。关注现象背后的本质，发现规律，我们才能成功把握住时代的脉搏，踏准明天的节奏；我们才能重构未来，绘制出商业蓝图。

✧ 商业模式，新旧更迭

"滚滚长江东逝水，浪花淘尽英雄。"在商业发展的历史长河中，在潮涨潮落之间，一批又一批的企业出现又消失了，一个又一个耀眼的模式先后失灵了。世界经济已然进入深水区，一切充满了未知，一切都变得更加复杂。

没有长存的商业模式，没有永恒的竞争力，没有固定的资产。市场总是处在不断的变化之中。变化，或悄无声息，或响遏行云。风口理论正行走在破产的边缘，伪共享经济已然覆灭，流量为王只是错觉，P2P平台频繁爆雷……什么才是好的商业模式？

企业所采用的商业模式必须顺应时代发展的潮流，否则就会被时代淘汰。那么，未来商业模式有着怎样的发展趋势呢？从以下几个方面，我们可以略窥一斑。

第一，当下国内的企业可以分为三个等级：三等企业做服务，二等企业做产品，一等企业做平台。由此可见，升级为平台，是企业今后的一条重要出路。企业平台化的本质，就是向创造者提供将理念变为现实的可能和机会。

第二，我国未来的产业可以大致分为三种：正在推倒重建的一维的传统产业，被BAT划分完毕的二维的互联网产业，正在形成的三维的智能科技产业。需要注意的是，在高维的挑战下，低维总是处在一定的劣势。

第三，在移动互联网技术的快速发展下，电子商务在经历了早期的B2B、B2C、C2C、C2B之后，正集中火力开辟C2F（Customer-to-Factory，指顾客对工厂）新战场，巩固C2F新城防。此外，杭州跨境电商的发展如火如荼；相反，广州的传统贸易则日渐式微。电子商务的发展也使城市格局发生了改变——"北上深杭"正在渐渐取代"北上广深"。

第四，商业角逐的核心先后经历了地段（房地产）、流量（传统互联网）、粉丝（自媒体）的转变。未来，围绕商业"影响力"和"号召力"将上演一场旷日持久的"战争"。核心粉丝的瞬间联动将成为推动商业发展的"引力波"。

"乱花渐欲迷人眼"。旧的商业模式难以为继，新的商业模式将层出不穷。企业必须炼就一双火眼金睛，从商业模式的花丛中选取正确的一朵，并不断根据自身的实际情况将商业模式进行调整。否则，在错误的商业模式的指导下，企业终会走向衰亡。

◇ 畅想未来，颠覆重构

2019 年 3 月 30 日，上海市副市长吴清拨通了首个 5G 手机通话，上海正式成为全国首个中国移动 5G 试用城市。31 日，以"IT 新未来：5G 与人工智能"为主题的 2019 中国（深圳）IT 领袖峰会正式开幕。5G 与我们之间的距离正在逐渐缩短。

新的应用场景总是伴随着每一次技术革新而诞生。PC 互联网时代造就了中国互联网公司三巨头——BAT；4G 网络带来的移动互联网时代，促使了美团、滴滴、微信等一系列移动 App 的诞生和快速发展。同样，5G 也将催生新的可能。

不同于 4G 提供的普惠化网络服务，5G 的切片化功能使其更适合用来匹配产业不同的场景需求。在此基础之上，5G 将成为产业互联网的催化剂，进而驱动出新的业务形态、场景，以及全新的竞争赛道。

阿里巴巴达摩院发布的 2019 十大科技趋势中也提到，5G 将催生全新应用场景。"网络向云化、软件化演进，网络可切片成多个相互独立、平行的虚拟子网络，为不同应用提供虚拟专属网络，加上高可靠、低时延、大容量的网络能力，将使车路协同、工业互联网等领域获得全新的技术赋能。"

当 5G 的基础网络能力可以与差异化的服务能力叠加时，再与云计算、AR/VR、人工智能等技术相结合，类似于车联网、移动智能监控等通用性的功能将会产生。在此基础之上，垂直行业场景将得以落地，诸如交通出行、智慧医疗、智慧能源等。

5G 市场潜力巨大。不过，目前由于成本的原因，5G 尚无法实现像 4G 一样的大面积和迅速地连续覆盖。这也向人们传达出了这样一个信息：短期内，5G 会在高清视频、游戏等娱乐领域里发光发热；未来，5G 将会更多地展现出在物联网上的应用潜力。

技术对世界的革新与创造永远超出我们的想象。当 5G 风暴来临，万物互联的新时代将会全面开启，商业生态将会得到全面重塑。在颠覆与重构中，商业的发展将会迎来无限可能，一众创业者们也将得到创造新价值的机会与平台。

在移动互联网技术的加持下，商业的未来充满无限可能。可以说，这是一个令企业和企业家充满矛盾、倍感困惑的时代，也是一个让企业和企业家在迷茫中反复纠结的时代。同时，这更是一个旧的商业时代终结、新的商业时代开启的转折时代，是一个充满了机遇和挑战的时代。在这个特殊的时代里，所有的企业都应该以一往无前的勇气和魄力，在重构中绘制自己的发展蓝图；在茁壮成长的同时，为商业文明的发展添上浓墨重彩的一笔。